살면서 꼭 한 번은
채근담

살면서 꼭 한 번은 채근담

초판 발행   2021년 10월 20일

지은이   임성훈
펴낸곳   다른상상
등록번호   제399-2018-000014호
전화   02)3661-5964
팩스   02)6008-5964
전자우편   darunsangsang@naver.com

ISBN   979-11-90312-43-1 03190

잘못된 책은 바꿔 드립니다.
책값은 뒤표지에 있습니다.

독자 여러분의 책에 관한 아이디어나 원고 투고를 설레는 마음으로 기다리고 있습니다.
이메일로 간단한 개요와 취지, 연락처를 보내주세요. 독자님과 함께하겠습니다.

살면서
꼭 한번은

채근담

임성훈 지음

다른
상상

세상과 어울리면서도 초탈한 자세로 살아가는 길

《채근담》은 오랫동안 함께해온 가족처럼 나와 인연이 깊은 책이다. 15년 전쯤 만해 한용운 선생이 해설한 책을 우연히 구해, 책상 한편에 꽂아두었다. 그리고 가슴이 답답할 때나 문득 눈길이 갈 때 아무 페이지나 펴서 몇 구절을 읽다가 끄적끄적 필사도 하고, 줄도 긋다가 덮어두곤 했다. 호방하면서도 기지 넘치는 글귀를 통해 많은 위안과 용기를 얻었다.

저자인 홍응명에 대해서는 자세히 밝혀진 것은 없다. 《채근담》과 더불어 《선불기종(仙佛奇蹤)》을 저술한 16~17세기 명나라의 철인 정도로만 알려져 있다. 책의 내용을 보면 세상과 초연하게 자연의 흥취를 즐기면서도 가슴속에는 정세의 뜻을 품는 모습이 종종 나온다. 이런 내용을 통해 '정치에 뜻을 두었지만 그 길이 녹록지 않았던 지식인이 아니었을까?' 짐작할 뿐이다.

'채근담(菜根譚)'을 직역하면 '나물(菜), 뿌리(根), 이야기(譚)'다. 제목인 '나물 뿌리(菜根)'와 연결해 주요 주제에 대해 몇 가지로 요약해볼 수 있다.

첫째, 부귀영화에 연연하지 않고 담박한 현실을 받아들인다.

'나물 뿌리'는 산해진미와는 거리가 멀다. 거친 음식을 상징한다. 저자 자신이 아마 시골에서 농사를 지으며 거친 음식을 먹었을 것이다. 출세하지 못한 처지이지만 그 현실을 비관하거나 품은 뜻을 잃지 않았다.

부귀에 정신을 빼앗기면 사물의 노예가 된다. 이익에 끌려다니면 소신을 지키지 못하고 내 삶이 아닌, 다른 이의 삶을 살게 된다. 꼭두각시처럼 살아가느니 나물 뿌리를 씹는 담박한 삶을 감사하게 여기고 현실을 받아들이는 게 낫다. 하지만 세상을 올바르게 다스리겠다는 가슴속의 큰 뜻은 자연의 정취에 취해서도 잊지 않는다.

둘째, 말단이 아닌 근본, 본질을 본다.

나물의 근본은 뿌리다. 뿌리가 없으면 줄기나 이파리가 생겨날 수도, 살아갈 수도 없다. 보통 사람들은 나물의 푸릇푸릇한 이파리에 관심을 보이지만 본질을 헤아릴 줄 아는 사람은 뿌리를 본다. '나물 뿌리 이야기'라는 제목에서 이 세상과 삶의 근본에 대해 말하겠다는 저자의 의도를 알 수 있다.

일체의 현상이나 사물은 모두 하나의 근원에서 나온 그림자와 같다. 이것을 깨달으면 눈앞의 사물 하나하나에 얽매이지 않고, 구별 짓고 판단하는 마음에서 자유로워질 수 있다. 부귀영화도 시간이 지나면 모두 사라지고, 우리 육신은 언젠가는 생명을 다해 미립자의 단위로 분해된다. 자연으로 돌아가는 것이다.

이렇게 시선을 바꾸고 세상을 대하면 작은 일에 연연하지 않고, 초
탈한 경지에서 삶을 즐길 수 있다. 이익이나 목숨에 연연하지 않고,
자기 내면의 양심과 지조를 지키며 나답게 살아갈 수 있다.

　셋째, 씹으면 씹을수록 깊은 맛이 난다.

　나물 뿌리는 입안에 넣고 씹으면 씹을수록 깊은 맛이 난다. 우리
삶도 마찬가지가 아닐까? 우리는 눈앞의 현실을 섣불리 '고난'이나 '행
복'과 같은 한계가 있는 언어로 규정지어 버리지만 사실 세상일은 어
떻게 풀릴지 알 수 없다. 시련이 내 인생의 전체 이야기에서 가장 극
적인 행복의 시작이 될 수 있고, 행복하다고 생각한 순간이 불운이 될
수도 있다.

　이 책 또한 나물 뿌리와 닮았다. 처음에 읽어보면 거친 느낌이지만
씹으면 씹을수록 쌉쌀한 단맛이 난다. 그러니 한 번 읽고 덮어두지

말고, 친구처럼 항상 곁에 두고 꺼내 읽어보면 그 깊은 맛을 느낄 수 있을 것이다.

《채근담》은 일제강점기 민족대표 33인 중 불교 대표로, 저항 시인 이자 독립운동가로 활동했던 만해 한용운(1879~1944) 선생이 1917년 《정선강의 채근담(精選講義 菜根譚)》이라는 제목으로 대중에게 소개했다. 당시 한용운 선생은 불굴의 투혼으로 왕성하게 집필 활동을 했는데, 이전에도 《조선불교유신론》《불교대전》 등을 집필했다. 조선의 독립을 위해 가장 필요한 것이 정신적인 힘이라고 여겼기 때문이 아닐까?

나는 '아레테인문아카데미'를 운영하면서 필사하기 좋은 고전으로 이 책을 추천하고, 아이와도 함께 필사해왔다. 사실 비교적 잘 알려진, 다른 고전들에 비해 다소 난해한 부분이 많은 편이라, 보석같이 좋은 내용이 많이 있음에도 불구하고 읽는 이들이 부담을 느끼는 편이다. 그래서 처음 접하는 사람들이 좀 더 쉽게 읽을 수 있도록 핵심적인 글을 초역(抄譯, 필요한 부분만 뽑아내어 번역)하고 현실에 좀 더 와닿는 해설을 덧붙여 이 책으로 출간하게 되었다.

만해 한용운 선생은 책의 광본(청나라 건륭본)과 약본(명나라 만력본) 중 광본을 중심으로 책을 집필했다. 이 책은 그 책의 원문 구성을 따랐다.

이 책을 읽으며 만나볼 수 있는 세계는 자유분방하다. 그 무엇에 대한 얽매임이 없이 속세와 사물을 초월하면서도 세상을 통째로 집어삼킬 것만 같은 기개가 보이기도 한다.

사람은 의식의 크기만큼 성장할 수 있다. 이 책과의 만남이 세상과 사물, 인생을 바라보는 의식의 지평을 넓히는 계기가 되었으면 한다.

아울러 동양의 수양과 처세의 지혜도 얻길 바란다.

집필하는 동안 많은 시간 함께 하지 못한 아빠에게 응원을 보내준 아이들과 사랑하는 아내에게 고마움을 전한다.

2021년 임성훈

몸과 마음을 잘 닦으려면

수성편 修省篇

'수성(修省)'이란 몸과 마음을 닦고 살피는 것이다.
사람이 자기 삶의 주인으로 행복하게 살기 위해서는
먼저 자신을 바로 세워야 한다.
항상 자신을 돌아보아 생각에 빈틈이 없도록 하면서
자기 인품을 단련하고,
자신을 드러내려는 어리석음을 버려 뿌리 끝까지 겸손해야 한다.
작은 마음의 씨앗이 모든 것의 근본이기 때문이다.
자신의 심신을 수양하고 성찰하는 것이
진정 행복한 삶으로 가는 지름길이다.

고난을 기꺼이 받아들여라

欲做精金美玉的人品 定從烈火中煅來
욕 주 정 금 미 옥 적 인 품　정 종 열 화 중 단 래
思立掀天揭地的事功 須向薄氷上履過
사 립 흔 천 게 지 적 사 공　수 향 박 빙 상 리 과

순수한 금과 아름다운 옥과 같은 인품을 만들기 원한다면
뜨거운 불 속에서 단련되어야 한다.
하늘과 땅을 번쩍 들어 올릴 만한 공을 이루기를 생각한다면
마땅히 얇은 얼음 위를 걷듯 해야 한다.

나이만 먹었다고 다 어른이 아니다. 인격이 성숙되어야 어른이다. 인격의 성숙은 저절로 이루어지지 않는다. 오랜 세월 수많은 인간관계를 맺고, 경험 속에서 단련되어야 한다. 그러면 어지간한 일에는 꿈쩍도 하지 않는다. 고난과 시련 없이 성숙해지는 법은 없다. 나약한 감정을 이기려면 정신을 단련하는 과정이 필요하다.

탁월한 업적을 이루기 위해서는 매사에 신중하게 대처해야 한다. 일할 때 가볍게 처신하면 비밀이 새어 나가거나, 사람의 마음을 얻지 못해 실패하기 마련이다.

모든 것은 한 가지 생각에서 비롯된다

一念錯 便覺百行皆非 防之當如渡海浮囊
일 념 착 편 각 백 행 개 비 방 지 당 여 도 해 부 낭

勿容一針之罅漏
물 용 일 침 지 하 루

한 가지 생각이 어긋나면 곧 백 가지 행동이 잘못된다.

이것을 막으려면 마땅히 바다를 건널 때 사용하는 부낭에

바늘구멍만 한 틈조차 없도록 해야 한다.

구멍 뚫린 튜브를 끌어안고 바다를 건너려고 하면 얼마 지나지 않아 가라앉고 만다. 사람의 생각은 이 튜브와 같다. 바늘구멍만 한 작은 틈만 있어도 그 틈을 비집고 들어온 잘못된 생각 때문에 모든 행동이 어그러질 수 있다. 한 가지 생각이 잘못되면 백 가지 행동이 모두 잘못되는 것이다.

항상 자기 생각을 깨어서 바라보고, 털끝만큼의 거짓이나 그릇됨이 없도록 노력해야 한다. 사람의 행동은 자기 생각을 그대로 반영하기 때문이다.

실수를 줄이는 방법

忙處事爲 常向閒中先檢點 過擧自稀
망 처 사 위　상 향 한 중 선 검 점　과 거 자 희
動時念想 預從靜裡密操持 非心自息
동 시 념 상　예 종 정 리 밀 조 지　비 심 자 식

한가할 때 미리 해야 할 일을 점검하면, 잘못된 행동이 저절로 줄어든다.
고요할 때 미리 생각을 잡아두면, 그릇된 마음이 저절로 그친다.

　한가할 때 미리 바쁜 일을 점검하고 생각해두면 잘못을 줄일 수 있다. 시간에 쫓기면 제 실력을 발휘하지 못한다. 갑자기 닥친 일을 처리하려다 보면 조급증에 지름길을 찾으려고 하고, 쉬운 일도 실수한다.

　조용할 때 미리 생각을 잡아두지 못하고 갑자기 닥친 일에 따라 행동하면, 그때그때 떠오르는 감정이나 욕구에 휘둘린다. 평상심의 상태에서 마음의 방향을 잡아두어야 그릇된 마음에 이끌리지 않는다.

자기를 드러내려는 어리석음을 피하라

爲善 而欲自高勝人 施恩 而欲要名結好
위선 이욕자고승인 시은 이욕요명결호
此皆是善念中戈矛 理路上荊棘 最易夾帶 最難拔除者也
차개시선념중과모 이로상형극 최이협체 최난발제자야

선을 행하면서 자기를 높이며 남을 이기려 욕심내고,
은혜를 베풀면서 명예를 구하며 좋은 관계를 욕심내는 것은
모두 선한 생각 가운데 창이며, 천 리로 가는 길 위의 가시와 같다.
은밀히 갖고 있기는 정말 쉽지만, 뽑아서 없애버리기는 매우 어렵다.

좋은 일을 할 때는 자신을 낮추어야 한다. 남을 위한다는 생각 저편에 자기가 다른 사람보다 높은 위치에 있다는 교만함이 있거나, 우월함을 뽐내려 한다면 자기 욕심을 채우는 것에 불과하다.

남에게 은혜를 베풀 때는 대가를 바라지 말아야 한다. 은혜를 베푼다는 구실로 자기 명예를 높이려 하고, 유리한 좋은 관계를 얻으려고 한다면 은혜를 팔아 장사하는 것과 같다.

좋은 행동을 하면서도 마음속에 삿된 욕심을 갖는 것은 참된 인간의 길을 가는 데 장애물이다. 자신을 드러내려는 어리석은 생각은 버리고 순수한 마음으로 선행을 하고 은혜를 베풀어야 한다.

마음속 깊이 겸손하라

能輕富貴 不能輕一輕富貴之心
능 경 부 귀 불 능 경 일 경 부 귀 지 심

能重名義 又復重一重名義之念
능 중 명 의 우 부 중 일 중 명 의 지 념

是事境之塵氛未掃 而心境之芥蔕未忘
시 사 경 지 진 분 미 소 이 심 경 지 개 대 미 망

此處拔除不淨 恐石去而草復生矣
차 처 발 제 부 정 공 석 거 이 초 부 생 의

부귀를 가볍게 여길 줄 알지만 부귀를 가볍게 여기는 그 마음을 가벼이 여
기지 못하고, 명예와 의리를 중요시하지만 명예와 의리를 중요시하는 그 마
음까지 중요하게 여긴다면, 세상의 오염된 기운을 쓸어버리지 못한 것이고,
마음속 작은 가시(사소한 장애)를 잊지 못한 것이다. 이것을 뽑아버려 깨끗
하게 하지 못하면 돌을 치웠다 해도 잡초가 다시 살아날까 두렵다.

부귀를 가볍게 여기고, 명예와 의리를 중요하게 여기는 성품은 도
덕적으로 훌륭하다고 칭찬받아 마땅하다. 삿된 욕심에 빠지지 않고,
인간으로서 따라야 할 길을 가는 것이기 때문이다. 하지만 나는 도덕
적인 인간이다라는 우월감, 교만함에 빠진다면 위험하다. 그것이 독
이 되어 마음을 흐리게 한다. 마음속 깊은 곳까지 겸손해야 한다.

일이 잘되지 않더라도 원망하지 말라

得意 便思有驕矜辭色否, 失意 便思有怨望情懷否.
득 의 편 사 유 기 궁 사 색 부   실 의 편 사 유 원 망 정 회 부

뜻대로 일이 되어갈 때는 자랑하는 말과 얼굴빛이 있지 않은지 살피고
뜻대로 일이 잘되지 않을 때는 원망하는 마음이 있지는 않나 살피라.

일이 잘되고, 되지 않고는 인력으로 어찌할 수 있는 것이 아니다. 최선을 다해도 운이 따르지 않으면 생각만큼 일이 잘되지 않는 시기가 있다. 무슨 일이든 정성을 다하되 결과에 대해서는 마음을 내려놓는 것이 지혜롭다.

뜻대로 모든 일이 이루어진다고 해서 교만한 태도로 뻐기면, 다른 사람에게 시기와 질투의 대상이 될 수 있다. 자만하면 무너진다. 모든 일이 뜻대로 되지 않을 때 세상을 원망하고, 다른 사람을 탓하면 발전이 없다. 일이 잘되지 않는 시기는 자신을 돌아볼 수 있는 절호의 기회라고 생각하고, 성장의 발판으로 삼는 것이 현명하다.

꺾이지 않는 참마음을 가져라

士人有百折不回之眞心
사 인 유 백 절 불 회 지 진 심
纔有萬變不窮之妙用
재 유 만 변 불 궁 지 묘 용

선비는 백 번 꺾일지언정 돌아서지 않는 참마음이 있어야
비로소 만 가지로 변하고도 다함이 없는 오묘한 쓰임이 있다.

어떤 뜻을 품고 일을 해 나갈 때 곤란이 없는 경우는 거의 없다. 내가 앞으로 나아가려고 하면 반드시 저항이 있다. 처음 정한 뜻이 옳다면 어떤 곤란이 있더라도 오히려 더 전진하는 참된 마음을 가져야 세상에 쓰일 수 있다.

크고 중요한 일일수록 시간이 오래 걸린다. 그리고 다양한 저항에 직면한다. 백 번 꺾이더라도 돌아서지 않고 나아가는 참마음이 있어야 저항을 이길 수 있다. 고난에도 불구하고 끝까지 붙잡고 가는 그 뜻이 진정한 자기의 소명이다.

명성만을 좇지 마라

立業建功 事事要從實地着脚 若少慕聲聞 便成僞果
입 업 건 공 사 사 요 종 실 지 착 각 약 소 모 성 문 편 성 위 과

업적과 공을 세우려면 모든 일마다 반드시 실질을 따라야 한다.
만약 조금이라도 명성을 탐하면 곧 잘못된 결과를 얻게 된다.

큰일은 순수한 마음으로 해야 이루어진다. 명예, 명성과 같은 사욕에 빠지면 좋은 결과를 얻지 못한다. 실제 일을 하는 것에 집중하면 좋은 성과를 낼 수 있다. 명예나 명성은 부차적으로 따라온다.

실질은 참된 목적, 순수한 마음이다. 내가 잘되려는 마음이 아닌, 정말 일이 되게 하는 그 무언가다. 땀을 흘려야 하는 일이라면 땀 흘리고, 시간이 필요한 일이라면 인내심을 갖고 시간을 들여야 한다. 명예가 아니라 그 일이 이루어지는 것 자체에 집중해야 자기 능력도 온전히 발휘할 수 있다.

작은 마음의 씨앗이 모든 것의 근본이다

一點不忍的念頭 是生民生物之根芽
일 점 불 인 적 염 두   시 생 민 생 물 지 근 아
一段不爲的氣節 是撐天撐地之柱石
일 단 불 위 적 기 절   시 탱 천 탱 지 지 주 석

(잔인한 일을) 차마 하지 못하는 머릿속 생각 하나가

사람과 만물을 살리는 뿌리와 싹이며,

(그릇 일을) 하지 않는 절개 하나가

하늘과 땅을 지탱하는 기둥과 주춧돌이다.

　　잔인한 일을 차마 하지 못하는 그 작은 마음의 씨앗이 세상을 살리
는 큰마음의 뿌리가 된다. 옳지 않은 행동을 하지 않는 한 번의 절개
가 세상을 받치는 기둥과 주춧돌이다.

　　인간의 도리를 다하기를 힘쓰는 군자는 작은 벌레나 개미 새끼 한
마리도 함부로 죽이지 않는다. 별것 아닌 것처럼 보이는 그 마음속
에 인간과 세상에 대한 사랑이 있다. 또한 군자는 자기 이익을 위해
실오라기 하나도 탐내지 않는다. 그 절개 속에 세상의 정의를 지키는
의로움이 있다.

마음을 일관되게 가져라

學者動靜殊操 喧寂異趣 還是煅煉未熟 心神混淆故耳
학 자 동 정 수 조   훤 적 이 취   환 시 단 련 미 숙   심 신 혼 효 고 이

배우는 자가 행동할 때와 가만히 있을 때 지조를 다르게 하고,

시끄러울 때와 고요할 때 뜻을 달리하는 것은

마음과 정신의 단련이 무르익지 못해

혼탁하고 어지러운 까닭이다.

주변 환경이나 상황에 따라 지조와 뜻이 달라지는 사람은 마음이 단단하지 못한 사람이다. 쇠붙이를 충분히 불에 달구고, 두드려야 단단해지듯 마음과 정신도 수련이 필요하다.

마음을 일관되게 가지는 사람은 신념이 흔들리거나 생각에 휘둘리지 않는다. 작은 샘에 주먹만 한 돌을 던지면 커다란 파문이 일어난다. 하지만 거대한 호수 한가운데 돌을 던지면 잠깐 출렁이다 금세 아무 일 없는 것처럼 잦아든다. 마음과 정신을 단련하는 것은 내 마음의 크기를 키우는 일이다.

진짜 무서운 것은 잘못된 의식이다

心是一顆明珠 以物欲障蔽之 猶明珠而混以泥沙
심 시 일 과 명 주 이 물 욕 장 폐 지 유 명 주 이 혼 이 니 사
其洗滌猶易
기 세 척 유 이
以情識襯貼之 猶明珠而飾以銀黃 其滌除最難
이 정 식 츤 첩 지 유 명 주 이 식 이 은 황 기 척 제 최 난

마음은 하나의 아름다운 구슬과 같다.

물질에 대한 욕심으로 마음을 막아서 가리는 것은,

마음을 진흙과 모래에 섞는 것과 같아서 깨끗이 씻기가 오히려 쉽다.

하지만 감정과 인식으로 마음을 덮어 가리는 것은,

마음을 금과 은으로 장식하는 것과 같아서 깨끗이 씻어내기가 매우 어렵다.

물질을 지나치게 욕심내면 본래 마음이 어두워진다. 하지만 물욕
은 구슬에 묻은 모래나 진흙과 같아서 물로 씻어내면 금방 씻겨 나간
다. 물질이 허상이라는 깨달음은 얻기 쉽다. 죽음을 눈앞에 둔 사람
은 돈보다 인생의 본질적인 문제에 더 관심을 가지기 마련이다.

한편, 감정과 인식에서 비롯된 지식이 내 마음에 들러붙은 것은 마
치 구슬에 도금한 것과 같아 씻어내기 어렵다. 잘못된 의식에 사로잡
히지 않도록 항상 깨어서 살아가야 할 것이다.

육체로서의 나를 간파하라

軀殼的我 看得破 則萬有皆空 而其心常虛
구 각 적 아 간 득 파 즉 만 유 개 공 이 기 심 상 허

虛則義理來居
허 즉 의 리 래 거

육체로서의 나를 간파하면 곧 만물이 모두 공허하다는 것을 깨닫는다.
그리하여 그 마음이 항상 비어 있고, 의리가 그 자리에 들어온다.

사람이 무엇인가에 욕심내는 것은 대부분 육체를 잘 보존하려는
욕구 때문이다. 부귀영화를 구하는 것은 의식주를 잘 해결하고 싶기
때문이다. 의식주는 모두 몸을 편안하게 하려는 것과 관계가 있다.

육체는 잠시 빌리는 것이다. 그 누구도 몸을 지닌 채 죽음을 맞이
할 수 없다. 태어나기 전에도, 죽은 뒤에도 육체는 없다. 오직 살아 있
는 찰나의 순간에만 필요한 것이 몸이다. 몸이라는 껍질을 쓰고 있는
나라는 존재의 본질을 간파하면, 물질에 욕심내는 것이 공허하다는
것을 깨달을 수 있다.

마음에 욕심이 없으면 인간의 본심이 그 자리를 대신한다. 육체를
위하기 때문에 크고 작은 욕심이 일어난다. 욕심을 거두어내면 본래
의 인간다움이 드러난다.

내 마음 작은 것이 가장 큰 한이다

我果爲洪爐大冶 何患頑金鈍鐵之不可陶鎔
아 과 위 홍 로 대 야 하 환 완 금 둔 철 지 불 가 도 용
我果爲巨海長江 何患橫流汚瀆之不能容納
아 과 위 거 해 장 강 하 환 횡 류 오 독 지 불 능 용 납

내가 만약 넓은 화로와 커다란 대장간이 된다면, 어찌 단단한 금과 쇠를 녹이지 못할까 근심할 것인가?
내가 만약 큰 바다와 강이 된다면, 어찌 제멋대로 흐르는 강과 더러운 도랑을 받아들이지 못할까 근심할 것인가?

거대한 대장간에서는 아무리 단단한 쇠라도 녹일 수 있다. 제멋대로 흐르는 강도 큰 바다에는 자연스럽게 융화된다. 더러운 도랑물도 거대한 강에 흘러 들어가면 강과 하나가 되기 마련이다.

내 마음 그릇이 넓고 넉넉하면, 어리석고 부족한 사람이라도 수용할 수 있다. 어떤 현상도 있는 그대로 받아들일 수 있다. 온전하게 내 맡기고 수용하면 거기서부터 조화가 일어난다.

세상일이 뜻대로 되지 않는 것은 내 마음에 달렸다. 남 핑계를 대는 사람치고 도량이 넓은 사람은 없다.

뜻을 세워야 후회가 없다

白日欺人 難逃淸夜之愧赧
백 일 기 인　난 도 청 야 지 괴 난
紅顔失志 空貽皓首之悲傷
홍 안 실 지　공 이 호 수 지 비 상

대낮에 다른 사람을 속이면,
맑게 갠 밤에 얼굴이 붉어지는 부끄러움을 피하기 어렵다.
젊었을 때 뜻을 잃으면, 나이 들어 슬픔과 쓰라림만 남는다.

대낮에는 모든 기운이 떠올라 욕망이 일어나고 자신을 성찰하기
쉽지 않다. 사물에 마음을 빼앗기고, 잘못을 저지르기 쉽다. 맑은 밤
에는 기운이 가라앉고 내면의 선한 본성이 깨어난다. 낮에 한 잘못을
밤에 성찰하면서 얼굴이 붉어진다.

혈기왕성한 젊은 시절에 자기 인생의 소명을 정의하고 뜻을 세우
는 것이 좋다. 그래야 시간을 헛되이 흘러보내지 않을 수 있다. 늘그
막에 젊은 시절 뜻을 세우고 한결같이 행동하지 못한 것을 생각하면
후회만 남는다. 젊어서 뜻을 세우고, 그것을 잃지 않고 정진해야 할
것이다.

작은 생각의 차이가 명품 인생을 만든다

以積貨財之心 積學問 以求功名之念 求道德
이 적 화 재 지 심 적 학 문 이 구 공 명 지 념 구 도 덕
以愛妻子之心 愛父母 以保爵位之策 保國家
이 애 처 자 지 심 애 부 모 이 보 작 위 지 책 보 국 가

재물을 쌓는 마음으로 학문을 쌓고,

명예를 구하는 생각으로 도덕을 구하고,

아내와 자식을 사랑하는 마음으로 부모를 사랑하며,

벼슬과 지위를 지키려는 책략으로 나라를 지켜야 한다.

재물을 쌓는 것, 명예를 구하는 것, 처자식을 사랑하는 것, 자리를 지키려는 것은 모두 사사로운 욕심이다. 행복을 위해 필요하지만, 사욕에만 치우치면 의미 있는 삶을 살아갈 수 없다.

재물을 쌓는 그 마음으로 배움에 매진하면 깨달음을 얻을 수 있다. 명예를 구하듯 도덕을 추구하면 인격의 성숙을 이룰 수 있다. 처자식을 사랑하는 마음으로 부모를 사랑하면 효를 다할 수 있다. 지위를 지키려는 지혜로 나라를 지키면 공공의 선을 이룰 수 있다.

사사로운 욕심에서 가치 있는 욕심으로 생각을 바꾸면 내 인생을 명품으로 만들 수 있다.

어떤 짐을 질 것인가?

塞得物慾之路 纔堪闢道義之門
색 득 물 욕 지 로　재 감 벽 도 의 지 문
弛得塵俗之肩 方可挑聖賢之擔
이 득 진 속 지 견　방 가 도 성 현 지 담

물욕의 길을 막을 수 있어야 비로소 도의의 문을 열 수 있고
속된 세상의 짐을 어깨에서 풀어놓아야 비로소 성현의 짐을 질 수 있다.

큰 뜻을 품고 성현의 짐을 지려고 하면 속세의 가치관에 따라 짊어
진 짐을 어느 정도 내려놓아야 한다. 지금 해야만 하는 것이 과연 꼭
필요한 것인지, 정말 가치 있는 것인지 점검하면서 불필요한 짐은 하
나씩 어깨에서 풀어놓는 연습이 필요하다.

하지만 물질적인 욕심과 정신적인 가치의 추구가 꼭 대립하는 것
은 아니다. 자본주의가 지배하는 시대를 살아가는 우리는 물질적인
것에 대해서도 밝아야 한다. 다만 그것에 온 정신을 빼앗기지 말고,
인간으로서 올바른 가치를 추구하는 것이 현명하다.

자신을 다스리고
가정을 다스리는 것이 근본이다

融得性情上偏私 便是一大學問
융 득 성 정 상 편 사　편 시 일 대 학 문
消得家庭內嫌隙 便是一大經綸
소 득 가 정 내 혐 극　편 시 일 대 경 륜

사사로이 치우친 성정을 변화시킨다면, 그것이 곧 큰 학문이다.

가정에서 서로 싫어하여 벌어진 틈을 사라지게 한다면,

그것이 곧 큰 경륜이다.

　배움의 목적은 여러 가지가 있지만, 현명한 사람은 자기의 기울어진 성정을 변화시키는 것을 근본으로 여긴다. 누구나 편협하거나 사사롭게 판단할 수 있다. 이것을 경계하여 자기의 성품과 감정이 한쪽으로 기울지 않게 하는 것이 큰 배움이다.

　세상을 다스리려는 사람은 먼저 가정부터 다스려야 한다. 가정불화를 해결하지 못한다면, 어떤 조직을 맡더라도 잘 이끌어갈 수 없다. 가장 가까운 사람들의 마음을 얻지 못하고 다른 사람의 마음을 얻기는 힘들기 때문이다. 자신과 가정을 다스리는 것이 배움과 경륜의 근본이다.

배움으로 부족한 점을 다스린다

才智英敏者 宜以學問攝其躁
재 지 영 민 자   의 이 학 문 섭 기 조
氣節激昂者 當以德性融其偏
기 절 격 앙 자   당 이 덕 성 융 기 편

재주와 지혜가 영민한 사람은

마땅히 배움으로 그 조급함을 다스려야 한다.

기개와 절개가 과격한 사람은

마땅히 덕성으로 그 편벽함을 융화시켜야 한다.

재주나 지혜가 뛰어나면 상황 판단이 빠르고, 많은 일에 조급해지기 쉽다. 그런 사람은 배움을 통해 그 조급함을 다스려야 한다. 그렇지 않으면 조급함으로 인해 큰 실수를 할 수 있다.

기개와 절개가 지나치게 세면 자기가 옳다고 믿는 것 말고는 귀 기울이지 않고 편벽되기 쉽다. 그런 사람은 덕성을 기르는 데 힘써 어느 한쪽으로 치우치지 않도록 노력해야 한다. 그렇지 않으면 시야가 좁아지고, 사람들과 융화되기 어렵다.

욕심을 제거하고 이치를 따르는 길

人欲從初起處翦除 便似新蒭遽斬 其工夫極易
인 욕 종 초 기 처 전 제　편 사 신 추 거 참　기 공 부 극 이
天理自乍明時充拓 便如塵鏡復磨 其光彩更新
천 리 자 사 명 시 충 척　편 여 진 경 부 마　기 광 채 갱 신

욕심이 처음 일어나는 곳에서 잘라 없애면
어린 풀을 급히 베어버리는 것과 같이 그 일이 매우 쉽다.
하늘의 이치가 언뜻 밝아올 때 가득 채우고 넓히면
더러운 거울을 문지르는 것과 같이 그 광채가 다시 새로워진다.

사람의 사사로운 욕심은 처음에 일어날 때 잘라버려야 한다. 욕심은 그냥 두면 그것이 채워질 때까지 점점 더 커진다. 때를 놓치고 욕심이 커진 뒤에 없애는 것은 극히 어렵다.

아무리 어리석은 사람이라도 원래 타고난 본심은 밝다. 배우지 않고 게을러 마치 거울에 먼지가 낀 것과 같이 어리석은 것이다. 누구나 배움에 흥미를 느끼거나 호기심이 일어날 때가 있다. 그때를 놓치지 말고 배우고 능력을 계발하면, 거울에 묻은 먼지를 닦아내는 것처럼 광채가 새로워진다.

스스로 이치를 궁구하여 깨달아야 한다

事理因人言而悟者 有悟還有迷 總不如自悟之了了
사 리 인 인 언 이 오 자 유 오 환 유 미 총 불 여 자 오 지 요 료
意興從外境而得者 有得還有失 總不如自得之休休
의 흥 종 외 경 이 득 자 유 득 환 유 실 총 불 여 자 득 지 휴 휴

사물의 이치를 다른 사람의 말을 통해 깨달은 사람은

깨닫고서도 도리어 의혹이 있다.

스스로 깨달아 명백한 것만 같지 못하다.

뜻과 흥미를 외부에서 얻는 사람은 얻고서도 도리어 잃는 것이 있다.

스스로 얻어 편안한 것만 같지 못하다.

이치를 깨닫기 위해서는 힘들더라도 스스로 궁리해야 한다. 전혀 아는 것이 없을 때는 다른 사람에게 도움을 받아 지식을 채울 수는 있겠지만, 이치를 깨닫는 것은 스스로 해야 한다. 그렇지 않고 남이 깨달은 말을 그대로 받아들이기만 하면 얻는 것이 없다.

'무엇인가를 해야겠다', '이거 재미있겠다' 하는 뜻과 흥미는 스스로 얻어야 한다. 스스로 동기부여 하는 사람이 자기 삶을 살 수 있다. 외부에서 동기부여 해주기만을 바라는 사람은 홀로 설 수 없고 항상 불안하다.

관계 맺음을 잘하려면

응수편 應酬篇

'응수(應酬)'란 외부의 사물과 현상, 사람에 대응하는 것이다.
사람은 혼자 살 수 없다.
관계 맺음을 잘해야 편안하고 행복하게 살아갈 수 있다.
사물과 현상을 판단하지 말고 있는 그대로 받아들이고,
다른 사람을 진심으로 대하며 넉넉한 마음으로 원망하지 않는 것이
평정심을 얻고 외부와 관계를 잘 맺는 길이다.

마음의 중심을 잡아라

操存 要有眞宰 無眞宰 則遇事便倒
조 존 요 유 진 재 무 진 재 즉 우 사 편 도
何以植頂天立地之砥柱
하 이 식 정 천 립 지 지 지 주
應用 要有圓機 無圓機 則觸物有碍
응 용 요 유 원 기 무 원 기 즉 촉 물 유 애
何以成旋乾轉坤之經綸
하 이 성 선 건 전 곤 지 경 륜

마음을 다잡아 지키려면 참된 주재가 있어야 한다.

참된 주재가 없으면 일을 만날 때마다 실패할 것이니,

무엇으로 천지를 떠받치는 기둥으로 삼을 것인가?

세상에 대응하고 쓰이기 위해 원활한 마음의 작용이 필요하다.

원기가 없으면 접하는 일마다 장애가 있을 것이니,

어찌 천지를 뒤집는 경륜을 이룰 수 있을 것인가?

'참된 주재'는 도가의 개념으로 '도의 본체'를 말한다. 여기서는 '마음의 중심'으로 해석하는 것이 적절하다. 마음의 중심, 즉 자기 뜻이 확고히 서 있지 않으면, 시간과 기운만 낭비하고 실패하기 쉽다.

자기 마음의 중심을 단단하게 하고, 세상에는 융통성 있게 변화하면서 대응하는 유연함이 있어야 나를 지키면서 큰 업적을 이룰 수 있다.

마음을 쉽게 드러내지 말라

於人不可輕爲喜怒 喜怒輕 則心腹肝膽 皆爲人所窺
어 인 불 가 경 위 희 노 희 노 경 즉 심 복 간 담 개 위 인 소 규
於物不可重爲愛憎 愛憎重 則意氣精神 悉爲物所制
어 물 불 가 중 위 애 증 애 증 중 즉 의 기 정 신 실 위 물 소 제

다른 사람들에게 기쁨과 노여움을 가볍게 품지 말아야 한다.

그렇게 하지 않으면 남이 속마음을 모두 엿보게 된다.

사물을 지나치게 사랑하거나 미워하지 말아야 한다.

그렇게 하지 않으면 의기와 정신이 모두 사물에 얽매이게 된다.

자기 감정에는 솔직해야 하지만, 그 감정을 함부로 드러내는 것은
주의해야 한다. 조금 좋다고 기뻐하고, 약간 불쾌하다고 노여워하는
사람은 다른 사람들에게 자기 속마음을 낱낱이 들키고 만다. 감정을
가볍게 드러내면 가벼운 사람이 된다.

외부 사물에 지나친 애정을 품거나 증오하는 마음을 품으면 그런
감정에서 자유로워질 수 없다. 자기의 의지와 기개, 정신이 모두 사
물에 얽매이게 되어 기운을 하나로 모으지 못한다.

내 마음에 달려 있다

心體澄徹 常在明鏡止水之中 則天下自無可厭之事
심 체 징 철　상 재 명 경 지 수 지 중　즉 천 하 자 무 가 염 지 사
意氣和平 常在麗日光風之內 則天下自無可惡之人
의 기 화 평　상 재 여 일 광 풍 지 내　즉 천 하 자 무 가 오 지 인

마음이 맑고 투명해 항상 명경지수(맑은 거울과 고요한 물)와 같으면
세상에 싫어할 일이 자연히 없어진다.
의지와 기운이 평안해 항상 화창한 날과 같으면
세상에 미워할 사람이 자연히 없어진다.

마음이 먼지 묻지 않은 거울이나 물결 하나 없는 고요한 물과 같이 맑고 투명하다면, 외부의 사물을 그대로 비출 수 있다. 왜곡이 일어나지 않는다. 세상을 있는 그대로 받아들이면 판단하지 않으니 거리낌이 없고, 싫어할 것이 자연히 없어진다.

따뜻한 바람이 부는 화창한 봄날에는 만물이 자라난다. 내 의지와 기운이 그와 같다면 누구도 차별하지 않고 포용할 수 있다. 미워할 사람이 자연히 사라진다.

마음을 맑고 투명하게 하고, 의지와 기운을 화평하게 하면, 세상과 사람들을 미워하지 않고 조화롭게 살아갈 수 있다.

이해득실에 너무 밝으면 욕심에 얽매인다

當是非邪正之交 不可少遷就 少遷就 則失從違之正
낭 시 비 사 정 지 교　불 가 소 천 취　소 천 취　즉 실 종 위 지 정
值利害得失之會 不可太分明 太分明 則起趨避之私
치 이 해 득 실 지 회　불 가 태 분 명　태 분 명　즉 기 추 피 지 사

옳고 그름이 나뉘는 지점에서는 조금이라도 지체해서는 안 된다.
지체하면 무엇을 따르고, 무엇을 따르지 않을지 바르게 판단하는 데 정도를
벗어난다.
이해득실이 만나는 때에는 그것에 너무 밝아서는 안 된다.
이해득실에 너무 밝으면 무엇을 향하고, 무엇을 피할지 판단하는 데 사사로
움이 일어난다.

무엇이 옳은지, 그른지 판단할 때는 시간을 끌 필요가 없다. 시간
을 끈다는 것은 머뭇거린다는 것이고, 머뭇거린다는 것은 마땅한 이
치가 아닌, 이익을 기준으로 삼는다는 것이다.

이해득실이 만나는 때 너무 따져서 이익되는 것만을 취하려고 하
고, 조금이라도 손해를 보려고 하지 않으면 문제가 생긴다. 의리를
전혀 생각하지 않고 자기의 삿된 욕심만을 추구한다면 욕심의 노예
가 되고 만다.

자신의 힘으로 걸어라

蒼蠅附驥 捷則捷矣 難辭處後之羞
창 승 부 기 첩 즉 첩 의 난 사 처 후 지 수

蔦蘿依松 高則高矣 未免仰攀之恥
조 라 의 송 고 즉 고 의 미 면 앙 반 지 치

所以君子 寧以風霜自挾 毋爲魚鳥親人
소 이 군 자 영 이 풍 상 자 협 무 위 어 조 친 인

쉬파리가 천리마에 붙으면 빨리 갈 수는 있지만

꽁무니에 붙어간다는 수치를 면하기 어렵다.

담쟁이가 소나무에 의지해 높이 오를 수는 있지만

남에게 의지하여 오른다는 수치를 면하기 어렵다.

그래서 군자는 차라리 바람과 서리(어려움)를 끼고 살지언정

물고기나 새가 사람에게 빌붙듯이 하지 않는다.

담쟁이가 소나무 줄기를 감고 오르면 높이 오르기는 하겠지만, 소나무가 없이는 스스로 제대로 서 있지 못한다는 수치를 면할 수 없듯이, 무엇이든 자기 힘으로 해야 한다. 물론 스승이 필요한 시기는 있으나, '이것이 나다' 하고 말할 수 있는 것을 성취하려면 온전히 자기 힘으로 해야 한다. 그 과정이 힘들다고 해서 남에게 의지하는 마음을 가지면 그 그늘에서 벗어나지 못한다.

넉넉한 마음을 가져라

好醜心太明 則物不契 賢愚心太明 則人不親
호 추 심 태 명 즉 물 불 계 현 우 심 태 명 즉 인 불 친

좋고 싫은 마음이 지나치게 분명하면
곧 사물과 어울리기 어렵고,
현명함과 어리석음을 구분하는 마음이 지나치게 분명하면
곧 사람과 친해지기 어렵다.

아름다운 것을 좋아하고 못난 것을 싫어하는 마음이 너무 강하면,
좋은 것은 곁에 두고 싫은 것은 버리게 된다. 구별이 너무 심해 다양
한 사물과 어울릴 수 없다. 즉, 편협하고 호불호가 강하면 경험할 수
있는 범위가 제한적이다.

　현명한 사람을 좋아하고 어리석은 사람을 싫어하는 마음이 너무
강하면, 사람을 구별하여 대하게 된다. 많은 사람과 어울리지 못한다.

　자기 마음속으로는 엄밀한 기준을 세우고 그것을 자신에게 적용하
는 것은 좋지만, 밖으로는 원만하고 너그러워야 많은 경험을 하고 사
람들과 어울리며 성장할 수 있다.

명성을 탐하지 말고,
말을 앞세우지 말라

居其名 則德損
거 기 명 즉 덕 손

有其語 則毁來
유 기 어 즉 훼 래

명성을 구하려고 하면 덕이 손상된다.

말이 많으면 비난을 받는다.

어떤 일을 하거나 남에게 도움을 줄 때는 그 일을 잘 하는 데 집중해야 한다. 그것을 통해 명성이나 이익을 얻으려고 하면 그 마음이 사람들에게 금세 드러나 그 의도를 의심받는다. 아무것도 바라지 않고 묵묵히 그 일을 해내면 남들이 그에 대해 진심으로 고마워한다. 하지만 어떤 대가를 바랐다는 것을 알게 되면 고마움은 곧 비난으로 변한다.

행동보다 말이 앞서고 자신을 치켜세우면 그 또한 비난의 대상이 된다.

타인을 진심으로 대하라

使人有面前之譽 不若使其無背後之毀
사 인 유 면 전 지 예 불 약 사 기 무 배 후 지 훼
使人有乍交之歡 不若使其無久處之厭
사 인 유 사 교 지 환 불 약 사 기 무 구 처 지 염

사람들이 내 앞에서 칭찬하는 것이
등 뒤에서 비난하는 일이 없는 것만 못하며,
잠시 사귀면서 환심을 얻는 것이
오래 사귀면서 미움받지 않는 것만 못하다.

다른 사람은 진심으로 대해야 한다. 위선적이거나 가식적으로 대한다면 언젠가는 그 마음을 들킨다. 상대가 내 앞에서는 칭찬하더라도 뒤에서는 헐뜯게 된다. 작은 호의나 은혜를 베풀면 상대방의 환심을 살 수 있지만, 그 마음이 진실되지 않으면 오래지 않아 상대는 멀어진다.

겉치레나 위선이 아닌, 진심으로 상대를 대해야 뒤에서 비난받지 않고, 오랫동안 미움받지 않는다. 시간이 지나면 결국 진심은 드러난다.

가르칠 때는 자명한 것부터 시작하라

善啓迪人心者 當因其所明而漸通之 毋强開其所閉
선 계 적 인 심 자 당 인 기 소 명 이 점 통 지 무 강 개 기 소 폐

사람의 마음을 잘 가르쳐 길을 열어주려면
마땅히 자명한 것에서 시작하여 점차 통하게 해야지,
막힌 것을 억지로 열려고 하면 안 된다.

누군가를 잘 가르치려면 자명한 것, 쉬운 것부터 시작하는 것이 좋다. 만약 가르치는 사람이 조급증 때문에 처음부터 어려운 것을 한번에, 억지로 깨우쳐주려고 하면 교육의 효과가 없다. 교육받는 사람이 전혀 알지 못하는 것에는 흥미를 느끼지 못하고 어렵다고 생각할 수 있기 때문이다.

특히 부모들이 조급증 때문에 아이의 수준을 생각하지 않고, 조기교육이나 선행교육에 목을 매는 일은 지양해야 한다.

남의 욕망을 인정하라

人之情欲不可拂 當用順之之法 以調之 其道只在一恕字
인 지 정 욕 불 가 불 당 용 순 지 지 법 이 조 지 기 도 지 재 일 서 자

다른 사람의 욕망은 떨쳐버릴 수 없으니,
마땅히 따라주는 방법으로 길들여야 한다.
오직 용서(恕)라는 글자에 그 길이 있다.

현명한 사람은 다른 이의 욕망을 잘 살핀다. 무엇을 갖고 싶은지,
어떤 것을 좋아하는지, 필요한 것이 무엇인지 잘 살피면 원한을 사지
않는다. 남의 욕망을 무시하거나 비난하면 사람들과 조화롭게 살 수
없다. 너그럽게 인정해야 한다.

반대로 자기 욕망은 통제해야 한다. 자기 욕망을 채우는 데 급급한
사람을 따르는 사람은 없다. 자기 욕망은 인내심으로 통제하고, 다른
사람의 욕망은 너그러움으로 수용하는 사람이 많은 이의 마음을 얻
을 수 있다.

현명함과 용기에 대해

好察非明 能察能不察之謂明
호 찰 비 명 능 찰 능 불 찰 지 위 명
必勝非勇 能勝能不勝之謂勇
필 승 비 용 능 승 능 불 승 지 위 용

따지기를 좋아하는 것을 현명하다 할 수 없다.

능히 따질 줄도 알고, 따지지 못하기도 하는 것을 일러 현명함이라 한다.

반드시 이기는 것을 용기라 할 수 없다.

능히 이길 줄도 알고, 이기지 못하기도 하는 것을 일러 용기라 한다.

지혜로운 사람은 어린아이와 말다툼하지 않는다. 따질 상황과 넘어가야 할 상황을 판단할 줄 알아야 현명한 것이다. 어떤 일을 따질지 말지 판단하지 못하는 사람은 지혜롭다고 할 수 없다.

용기 있는 사람은 무조건 남을 이기려고 하지 않는다. 한나라 개국 공신인 한신(韓信)은 젊은 시절, 동네 무뢰배 다리 사이를 기어서 지나는 모욕을 당했다. 만약 그가 자신을 이기는 용기를 내지 못하고, 무조건 남을 이기려고만 했다면 훗날 큰 공을 이루지 못했을 것이다. 때로는 모욕을 참아내는 것이 용기다.

세상에 두 발을 딛고 있어야 한다

隨時之內善救時 若和風之逍酷暑
수 시 지 내 선 구 시　약 화 풍 지 소 혹 서
混俗之中能脫俗 似淡月之映經雲
혼 속 지 중 능 탈 속　사 담 월 지 영 경 운

시대의 흐름 속에서도 시대를 잘 건지는 것은
부드러운 바람이 심한 더위를 몰아내는 것과 같다.
세속 가운데 섞여서도 세속을 벗어날 수 있는 것은
으스름한 달빛이 엷은 구름을 비추는 것과 같다.

한 시대의 모순과 문제점을 꿰뚫어보고 그 시대의 흐름을 바꾸는
것은 쉬운 일이 아니다. 무조건 세상의 흐름에 역행하기만 해서는 뜻
을 이룰 수 없다. 마치 부드러운 바람이 더위를 조금씩 몰아내듯, 실
현 가능한 것을 점진적으로 해 나아가는 것이 현명하다.

세속을 벗어나려는 사람이 세속을 우습게 여기거나 홀로 깨끗하려
고만 하면, 교만함에 빠진다. 세상 속에서 욕심에 물들지 않고, 세상
에 은은한 빛을 비추는 사람이 되어야 한다.

변화는 세상에 역행하거나 완전히 벗어나서 이룰 수 있는 것이 아
니다. 세상에 두 발을 딛고 있어야 한다.

정반대의 경험을 해봐야 한다

思入世而有爲者 須先領得世外風光
사 입 세 이 유 위 자 수 선 영 득 세 외 풍 광

否則 無以脫垢濁之塵緣
부 즉 무 이 탈 구 탁 지 진 연

思出世而無染者 須先諳盡世中滋味
사 출 세 이 무 염 자 수 선 암 진 세 중 자 미

否則 無以持空寂之苦趣
부 즉 무 이 지 공 적 지 고 취

세상에 들어가 일하려는 자는 먼저 세상 밖의 모습을 깨달아야 한다.

그렇지 않으면 세속의 인연을 벗어날 길이 없다.

속세에 물들지 않으려는 자는 먼저 속세의 달콤한 맛을 깨달아야 한다.

그렇지 않으면 세상 밖의 적막한 풍취를 견디지 못한다.

세상에 나아가 공을 세우려는 사람은 이익, 명예, 쾌락, 권력욕, 두려움 등의 노예가 되기 쉽다. 따라서 본래 자연의 적막하고, 담백한 풍취에 대해 알아야 한다. 세속에서 사람들이 추구하는 가치가 절대적인 것이 아니라는 것을 깨닫고 있어야 그 속에서 허우적대지 않을 수 있다. 세상에 염증을 느끼고 한적한 풍취를 찾아 떠나는 사람은 세상의 분주함, 화려함, 번잡함에 대해 알고 있어야 한다. 정반대의 경험을 통해 현실을 더 정확히 이해하고 한적한 풍취를 즐길 수 있다.

처음에 제대로 시작하는 것이 낫다

與人者 與其易疎於綜 不若難親於始
여인자 여기이소어종 불약난친어시
御事者 與其巧持於後 不若拙守於前
어사자 여기교지어후 불약졸수어전

사람과 사귐에 나중에 쉽게 멀어지는 것보다
처음에 친해지기 어려운 게 낫다.
일을 다스림에 나중에 재주를 다해 지켜내는 것보다
처음에 서투르게 지키는 게 낫다.

사람을 기준 없이 가리지 않고 사귀면 나중에 쉽게 멀어질 수 있다. 시간과 힘만 낭비하는 것이다. 사람을 가려 사귀되, 이익이 아니라 의리와 덕을 기준으로 하면, 그 관계는 서로에게 도움이 될 수 있다. 처음에는 친해지기 쉽지 않지만 오랫동안 유지할 수 있다.

일을 시작할 때 처음에 단단하게 다져두지 않으면 뒤에 말썽이 생긴다. 문제가 생긴 뒤에 지켜내려면 온갖 재주를 다하고 많은 힘을 들여야 한다. 처음에 조금 서투르더라도 멀리 내다보며 준비해 나가는 것이 좋다.

인간관계나 일이나 어렵더라도 처음에 제대로 시작하는 것이 낫다.

영원한 것은 없다

功名富貴 直從滅處 觀究竟 則貪戀自輕
공명부귀 직종멸처 관구경 즉탐련자경
橫逆困窮 直從起處 究由來 則怨尤自息
횡역곤궁 직종기처 구유래 즉원우자식

공명과 부귀가 다하는 곳을 곧장 따라가 그 끝을 보면,
탐내고 좋아하는 마음이 자연히 가벼워진다.
뜻밖의 불행과 곤궁함이 일어나는 곳을 곧장 따라가 그 유래를 궁구해보면,
원망하는 마음이 자연히 그친다.

공명과 부귀는 영원할 수 없다. 시세의 변화에 따라 권력은 사라지고, 사람은 죽게 마련이다. 그 끝은 허무다. 반드시 잃게 되는 것이 이치다. 탐내고 좋아할 것이 아니다.

세상은 내 마음을 비춰주는 거울과 같다. 내 마음과 태도에 따라 현실이 펼쳐진다. 나에게 필요한 경험을 하게 되는 것이지, 다른 누군가가 나에게 불행을 주는 것은 아니다. 불행과 곤궁함에 대해 남을 탓할 것이 아니다.

내 것이 아닌 공명과 부귀를 탐하지 말고, 불행과 곤궁에 원망하는 마음을 가지지 않는 것이 현명하다.

세상일을 힘껏 감당하되
기꺼이 벗어날 줄도 알아야 한다

宇宙內事 要力擔當 又要善擺脫
우 주 내 사 요 역 담 당 우 요 선 파 탈

不擔當 則無經世之事業 不擺脫 則無出世之襟期
부 담 당 즉 무 경 세 지 사 업 불 파 탈 즉 무 출 세 지 금 기

세상일은 반드시 힘껏 감당하되 기꺼이 벗어날 줄도 알아야 한다.
책임지고 감당하지 않으면 세상을 다스리는 일을 할 수 없고,
벗어던지지 않으면 세상을 초월한 본래의 깊은 마음을 얻지 못한다.

세상에 하지 못할 일은 없다. 다른 누군가가 할 수 있는 일은 나도 해낼 수 있다. 그런 배포와 기개로 임해야 세상에 좋은 영향을 미치는 일을 해낼 수 있다. 그렇지 않으면 자기 삶의 과제를 수행하지 못한다. 마음이 위축되고 어려운 일을 피하기만 하는 인생이 된다.

세상사에만 집착하면 욕심과 이기심이 자기 본래 마음을 가리게 된다. 우리의 본래 마음은 자기 이익만 추구하는 분리된 마음이 아니다. 본래의 청정한 마음을 얻기 위해 때로는 모든 것을 내려놓을 줄도 알아야 한다.

넉넉하게 갖추어라

待人 而留有餘不盡之恩禮 則可以維繫無厭之人心
대인 이류유여부진지은례 즉가이유계무염지인심
御事 而留有餘不盡之才智 則可以隄防不測之事變
어사 이류유여부진지재지 즉가이제방불측지사변

사람을 대할 때 넉넉하여 다함이 없는 은혜와 예의를 갖추면,

싫어하지 않는 사람들의 마음을 잡아둘 수 있다.

일을 처리할 때 넉넉하여 다함이 없는 재주와 지혜를 갖추면,

예측할 수 없는 변고를 막을 수 있다.

도움을 주다가 그것이 조금씩 줄어들면 사람들은 서운해한다. 예의도 변함없이 넉넉하게 갖추어야 지속적으로 사람들의 마음을 얻을 수 있다. 처음에는 예의 바르게 대하다가 무례해지면, 사람들은 불쾌해하기 마련이다. 은혜와 예의가 넉넉하지 않으면, 상대는 나에게 서운함을 넘어서 꺼리고 싫어하는 마음을 품을 수도 있다.

일할 때는 에너지 관리를 잘해야 한다. 처음에 힘을 다 써버리면 돌발상황이 발생했을 때 그것에 대처하기 힘들다. 재주와 지혜를 넉넉하게 갖추어야 위태로움이 없다.

방심하면 위태롭다

仇邊之弩易避 恩裏之戈難防
구 변 지 노 이 피　은 리 지 과 난 방
苦時之坎易逃 樂處之阱難脫
고 시 지 감 이 도　낙 처 지 정 난 탈

원수의 화살은 피하기 쉽지만 은혜 속 창은 막기 어렵다.
괴로움의 구덩이는 벗어나기 쉽지만 즐거움의 함정은 빠져나오기 어렵다.

　원수는 항상 나를 노리기 때문에 그 곁에서는 항상 경계하고 대비할 수 있다. 하지만 은혜를 베푸는 사람의 창은 막기 힘들다. 상대가 나를 해칠 수도 있다는 것을 생각하기 어렵기 때문이다.

　누군가 나를 지나치게 총애한다면 방심하지 말아야 한다. 시기, 질투의 대상이 될 수 있기 때문이다. 또한 은혜를 베푸는 상대에게는 충성을 다할 수밖에 없으니 자유가 구속된다.

　고난을 겪을 때는 그것을 벗어나기 위해 크고 작은 유혹을 이겨낸다. 항상 조심하고 목표를 향해 정진한다. 하지만 편안한 시기에는 유혹에 쉽게 넘어갈 수 있다. 방심하기 때문이다.

만남과 헤어짐이 쉬운 사람이 되지 말라

落落者難合 亦難分 欣欣者易親 亦易散
낙 락 자 난 합 역 난 분 흔 흔 자 이 친 역 이 산
是以君子 寧以剛方見憚 毋以媚悅取容
시 이 군 자 영 이 강 방 견 탄 무 이 미 열 취 용

뜻이 높고 커서 남과 어울리지 않는 사람은 갈라서기 또한 어렵다.
남과 기쁘게 잘 어울리는 사람은 친해지기 쉽지만 헤어지는 것 또한 쉽다.
그러므로 군자는 차라리 강직한 태도로 남에게 꺼림을 받을지언정
아첨으로써 남의 환심을 사려고 해서는 안 된다.

다른 사람에게 아첨하지 않고 기품이 있는 사람은 남과 사귐에 엄격하다. 쉽사리 친해질 수 없다. 하지만 한번 마음을 터놓고 친해지면 신의를 지켜 쉽게 헤어지지 않는다. 요즘 말로 '손절' 당할 일이 없다.

기분 좋게 다른 사람들과 잘 어울리는 사람은 사귀기 쉽다. 필요에 따라 듣기 좋은 말을 해주기도 하고 만나면 유쾌하다. 하지만 자기 이익이나 이해관계에 따라 태도가 쉽게 변해 멀어지기 쉽다.

금방 달아올랐다가 금세 식어버리는 관계보다는 진득하게 따뜻함을 유지하는 관계가 낫다.

호호탕탕하게 살아라

意氣與天下相期 如春風之鼓暢庶類 不宜存半點隔閡之形
의 기 여 천 하 상 기 여 춘 풍 지 고 창 서 류 불 의 존 반 점 격 애 지 형
肝膽與天下相照 似秋月之洞徹群品 不可作一毫曖昧之牀
간 담 여 천 하 상 조 사 추 월 지 통 철 군 품 불 가 작 일 호 애 매 지 상

의지와 기운은 천하의 만물과 서로 합하기를

봄바람이 뭇 만물을 깨워 자라게 하듯 해야 할 것이지,

아주 조금이라도 막힘이 있어서는 안 된다.

속마음은 가을 달이 천하의 만물을 환히 비추듯 해야 할 것이지,

터럭만큼이라도 애매한 데가 있어서는 안 된다.

의지와 기운이 막혀 있으면 되는 일이 없다. 생각이 막혀 있는, 어떤 견해에 치우쳐 다른 생각은 아예 받아들이려 하지 않는 사람은 사람들과 화합하면서 살 수 없다.

속마음을 숨기고 있는 사람은 가까이하기 힘들다. 윗사람이 자기 생각을 밝히지 않는다거나 공동체에 함께 있는 사람들이 서로 속마음을 알지 못하면 불필요한 오해로 시간과 기운이 낭비된다.

생각이나 기운을 막아버리거나 속마음을 숨기지 말고, 사람들과 솔직담백하게 소통해야 오해가 없다.

고결함과 깨끗함을 생각하라

仕塗雖赫奕 常思林下的風味 則權勢之念自輕
사 도 수 혁 혁　상 사 림 하 적 풍 미　즉 권 세 지 념 자 경
世塗雖紛華 常思泉下的光景 則利欲之心自淡
세 도 수 분 화　상 사 천 하 적 광 경　즉 리 욕 지 심 자 담

벼슬길이 비록 빛나고 크더라도

언제나 자연 속 풍미를 생각하면 권세에 얽매인 마음이 자연스레 가벼워진다.

세상살이가 비록 어지럽고 화려하더라도

언제나 샘터의 경치를 생각하면 이익을 탐하는 마음이 자연스레 담박해진다.

　화려한 세속의 성공을 누리거나 지향하더라도 그것에만 빠지지 않도록 경계해야 한다. 그 화려함에 마음을 빼앗기면 본성대로 살아갈 수 없다. 욕심으로 마음이 무거워지기 때문이다. 숲 가운데의 고결한 풍미를 떠올리면 본래의 가벼운 마음을 되찾을 수 있다.

　세상 속에서 이익을 좇는 것은 어쩔 수 없다. 육신을 보존하고 가족을 보살피려면 이익을 추구할 수밖에 없다. 하지만 머릿속에 탐내는 마음만 가득하면 내면이 어두워진다. 맑은 샘터와 같은 자연의 고결함과 깨끗함을 생각하면 마음이 다시 밝아진다.

주변 환경에 휩쓸리지 말아야 한다

從熱鬧場中 出幾句淸冷言語 便掃除無限殺機
종 열 뇨 장 중　출 기 구 청 냉 언 어　편 소 제 무 한 살 기
向寒微路上 用一點赤熱心腸 自培植許多生意
향 한 미 로 상　용 일 점 적 열 심 장　자 배 식 허 다 생 의

혼잡하고 떠들썩한 곳에서 맑고 시원한 몇 마디 말을 하면
끝없는 살생의 기세를 쓸어낼 수 있고,
구석지고 으슥한 길 위에서 조금만 뜨거운 열정을 발휘하면
삶의 의지를 많이 심고 불릴 수 있다.

힘과 권력을 경쟁하는 곳은 혼잡하고 떠들썩하다. 위세를 얻기 위해 목소리를 높이고, 서로 간에 시기와 질투의 기운이 가득하다. 하지만 인간의 본성은 경쟁보다는 사랑을 향한다. 지혜로운 사람의 맑고 시원한 깨달음의 말로 서로를 해치려는 기세를 몰아낼 수 있다.

가난하고 힘없는 사람은 주변 환경을 탓하며 상황을 극복하려는 의지를 잃기 쉽다. 하지만 뜨거운 열정이 있으면 언제나 어려움을 이겨낼 가능성이 있다.

주변 환경은 영원히 지속되는 것이 아니다. 내가 어떤 선택을 하는지에 따라 언제든 달라질 수 있다.

평정심을 꾸준히 단련해야 한다

淡泊之守 須從濃艶場中試來
담 박 지 수 수 종 농 염 장 중 시 래
鎭定之操 還向紛紜境上勘過
진 정 지 조 환 향 분 운 경 상 감 과

담박함을 지키려면
화사하게 아름다운 곳에서 시험을 거쳐야 하고,
안정됨을 유지하려면
복잡하고 어지러운 지경을 견디고 지나야 한다.

세상과 인연을 끊고 조용한 산속에서 수도하면서 살면, 세속의 욕심과 단절하고 담박한 뜻을 지킬 수 있다. 하지만 세속의 화려함 속에서 그 뜻을 지키는 것만 못하다. 한적한 곳에서 담박함을 지키기는 쉽지만, 화려함 속에서 그것을 지키기는 어렵기 때문이다.

마음의 안정은 소란한 곳에서 검증해보아야 한다. 조용한 곳에서는 안정을 지키기 쉽지만, 소란한 곳에서는 마음의 평정을 유지하기 쉽지 않다.

어떤 상황에서도 자기 뜻을 지키고, 마음이 흔들리지 않으려면 다양한 환경에 자신을 노출하고 견뎌내보아야 한다.

평정심을 유지해야 위태롭지 않다

無事 常如有事時隄防 纔可以彌意外之變
무 사 상 여 유 사 시 제 방 재 가 이 미 의 외 지 변
有事 常如無事時鎭定 方向以銷局中之危
유 사 상 여 무 사 시 진 정 방 향 이 소 국 중 지 위

일이 없을 때 항상 유사시처럼 방비하면
뜻밖의 변고를 막을 수 있고,
문제가 생겼을 때 항상 일이 없을 때처럼 침착하면
위험을 사라지게 할 수 있다.

문제가 없을 때 문제가 생길 것을 대비해 준비한다면 예상하지 못한 사고를 막을 수 있다. 사고를 완전히 막지 못하더라도 피해를 줄일 수 있다. 지나치게 미래의 일을 걱정하는 것도 문제지만, 유사시에 대비하지 않는 것도 문제다.

문제가 생기더라도 침착하게 대처하면 위험을 최소화할 수 있다. 하지만 지나치게 흥분하면 한 가지 문제에서 또 다른 문제가 생긴다.

걱정과 느긋함 사이, 흥분과 침착함 사이에서 평정심을 유지하는 것이 현명하다.

남을 위하는 것이 나를 위하는 것이다

處世 而欲人感恩 便爲斂怨之道
처 세 이 욕 인 감 은 편 위 염 원 지 도
遇事 而爲人除害 卽是導利之機
우 사 이 위 인 제 해 즉 시 도 리 지 기

이 세상을 살면서 다른 사람이 내 은혜에 감동하게 하는 것이
바로 원망을 거두는 길이며,
문제가 생겼을 때 다른 사람을 위해 해가 되는 것을 없애는 것이
바로 이로움을 얻는 기회이다.

다른 사람에게 도움을 주고 은혜를 베푸는 것은 겉으로는 남을 돕는 것이지만, 결국은 자신을 위하는 일이다. 내 은혜에 누군가 감동한다면 그 사람이 행여나 나에게 품었던 원망이 사라지고 앞으로 나를 원망할 일도 없다.

다른 사람에게 해가 되는 것을 제거해주는 것도 자신을 위한 일이다. 내가 해를 제거해준 것에 대한 보답으로 상대가 나를 도와줄 것이기 때문이다.

남에게 은혜를 베풀고 도움을 주는 것은 나를 위한 것이다. 생색내거나 칭찬받으려고 애쓰는 것은 어리석다.

몸가짐을 가볍게 하지 말아야 한다

持身 如泰山九鼎 凝然不動 則愆尤自少
지신 여태산구정 응연부동 즉건우자소
應事 如流水落花 悠然而逝 則趣味常多
응사 여유수낙화 유연이서 즉취미상다

몸가짐을 태산이나 구정(무거운 솥)과 같이 단정하고 진중하게 하면

잘못이 저절로 줄어들 것이요,

일을 처리할 때 흐르는 물과 떨어지는 꽃처럼 침착하고 여유 있게 하면

항상 흥취가 넘칠 것이다.

몸가짐이 가벼우면 낭패를 보는 경우가 많다. 해서는 안 될 말을 함부로 했다가 곤란한 상황에 처할 수도 있고, 남에게 내 치명적인 약점을 드러내 보일 수도 있다.

사물을 대할 때 물 흐르듯, 꽃이 떨어지듯 여유를 가진다면 우아하게 살 수 있다. 조급증을 내려놓으면 일이나 사물에 끌려가지 않을 수 있다. 돈을 빨리, 많이 벌려고 전전긍긍하면 돈의 노예가 되지만, 여유 있게 부와 풍요를 끌어당기면 돈을 지배할 수 있다.

사람은 신중히 사귀어야 한다

君子嚴如介石 而畏其難親 鮮不以明珠爲怪物
군 자 엄 여 개 석   이 외 기 난 친   선 불 이 명 주 위 괴 물
而起按劒之心 小人滑如脂膏 而喜其易合
이 기 안 검 지 심   소 인 활 여 지 고   이 희 기 이 합
鮮不以毒螫爲甘飴 而縱染指之欲
선 불 이 독 석 위 감 이   이 종 염 지 지 욕

군자는 엄격하기가 바위와 같다. 사람들이 친해지기 힘든 것을 두려워하여
밝은 구슬을 괴물로 여기고 칼에 손을 가져가듯 한다.
소인은 교활하기가 기름과 같다. 사람들이 쉽게 영합하는 것을 기뻐하여
독을 단 엿으로 여기고 손가락에 묻히듯 한다.

군자는 함부로 교제하지 않는다. '바른 마음을 가진 사람', '탐욕이
나 권력욕에 눈멀지 않은 사람' 등 자기만의 기준이 있다. 겉모습만
보면 엄격해서 다가가기 힘들고, '뭔가' 있는 사람 같을 수 있다. 사람
들은 이질적인 존재를 두려움의 대상으로 여기기 때문에 군자를 괴
물로 여기고 제거하려는 마음을 먹기도 한다.

소인은 가까이 사귀기 쉬우나 가려 사귀지 않으면 낭패를 당할 수
도 있다. 겉모습만 보고 군자를 오해하지 말며, 소인과의 사귐은 신
중해야 한다.

일은 신중하게 해야 한다

遇事 只一味鎭定從容 縱紛若亂絲 終當就緖
우사 지일미진정종용 종분약난사 종당취서
待人 無半毫矯僞欺隱 雖狡如山鬼 亦自獻誠
대인 무반호교위기은 수교여산귀 역자헌성

일을 대할 때 한 뜻으로 침착하게 하면,

실타래처럼 어지러운 일도 마침내 성공의 실마리가 열린다.

사람을 대할 때 조금도 속여 꾸미거나 감추는 것이 없으면,

비록 산도깨비처럼 교활한 사람이라도 정성을 보이게 된다.

어려운 일을 당하더라도 침착하게 일을 대하면 문제의 본질을 파악할 수 있다. 본질을 파악하면 해결의 실마리도 찾을 수 있다. 하지만 문제 상황에서 부정적인 감정에 빠져버리면 객관적으로 문제를 바라보기 힘들다. 어떤 상황에서든 상황과 자신의 감정은 분리해서 바라보아야 한다. 그래야 본질을 볼 수 있다.

진심으로 대하는 상대에게 끝까지 교활하게 수를 쓰는 사람은 없다. 서로 속마음을 감추고 교활한 잔꾀를 쓰면 신뢰와 진정성이 없는 관계로 끝나고 만다.

따뜻한 마음과 맑은 의기를 가져라

肝腸煦若春風 雖囊乏一文 還憐煢獨
간 장 후 약 춘 풍 수 낭 핍 일 문 환 련 경 독
氣骨淸如秋水 縱家徒四壁 終傲王公
기 골 청 여 추 수 종 가 도 사 벽 종 오 왕 공

마음이 봄바람처럼 따뜻하면 비록 주머니 속이 비어 있어도
도리어 외로운 사람을 불쌍히 여긴다.
의기가 가을 물처럼 맑으면 비록 네 벽뿐인 가난한 집에 산다 할지라도
왕과 귀족처럼 신분 높은 사람조차 하찮게 여긴다.

물질이 풍족하다고 해서 남을 돕는 것이 아니다. 가난하더라도 마음이 따뜻하고 풍요로운 사람이 다른 사람을 불쌍히 여기고, 자기가 가진 것을 나누어준다. 재산과 기부금은 정비례하지 않는다.

기개가 높지 않으면 재물이나 지위 앞에서 고개를 숙인다. 남들의 위세에 쉽게 주눅 들고 위축되는 것이다. 하지만 가을 물처럼 맑은 의기를 가진 사람은 겉모습보다 본질에 집중한다. 상대를 꾸미고 있는 수식어를 걷어내고 바라보면 왕후장상(王侯將相)도 결국 똑같은 사람이다.

화려한 사귐보다
곤궁한 이웃을 돌보는 데 힘써야 한다

費千金 而結納賢豪 孰若傾半瓢之粟 以濟飢餓之人
비 천 금 이 결 납 현 호 숙 약 경 반 표 지 속 이 제 기 아 지 인
構千楹 而招來賓客 孰若葺數椽之茅 以庇孤寒之士
구 천 영 이 초 래 빈 객 숙 약 즙 수 연 지 모 이 비 고 한 지 사

천금을 쓰면서 어질고 뛰어난 사람과 어울리는 것이 어찌 반 바가지의 좁
쌀을 나누어 굶주린 사람을 돕는 것과 같을 것인가?
천 개의 기둥을 세워서 손님을 불러 대접하는 것이 어찌 서까래 두서너 개
분의 이엉을 얹어 외롭고 추운 선비를 보호하는 것과 같을 것인가?

뛰어난 사람과 어울리고 귀한 손님을 초대하여 대접하는 것이 나
쁜 것만은 아니다. 직업의 특성이나 사회적인 지위에 따라 필요한 경
우가 있다. 그런 경우가 아니라면 화려한 사귐은 '나는 이 정도 되는
사람이다' 하는 과시욕에서 비롯되는 것이다. 혹은 도움이 되는 인맥
을 잘 관리해 명예나 어떤 이익을 추구하려는 목적이 있는 것이다.
순수한 만남이라 할 수 없다.

그렇게 할 시간과 경제력으로 곤궁한 이웃을 돕는 것이 부귀한 사
람들의 책임 있는 태도라고 할 수 있다.

마음을 속이지 말아야 한다

市恩 不如報德之爲厚 雪忿 不如忍恥之爲高
시 은 불 여 보 덕 지 위 후 설 분 불 여 인 치 지 위 고
要譽 不如逃名之爲適 矯情 不如直節之爲眞
요 예 불 여 도 명 지 위 적 교 정 불 여 직 절 지 위 진

이익을 위해 은혜를 베푸는 것은 덕을 갚아 정을 두텁게 하는 것만 못하고,
분한 마음을 씻는 것은 치욕을 참는 높은 경지만 못하다.
명예를 바라는 것은 그것을 피하는 편안함만 못하고,
마음을 속이는 것은 곧은 절개의 진실함만 못하다.

작은 은혜를 팔아서 이익을 얻으려는 시도는 치졸하다. 자신에게
도움을 준 은덕을 갚아 관계를 돈독하게 하는 것이 더 낫다. 한순간
의 치욕이나 분한 마음을 참지 못하면 낭패를 당하기 쉽다. 높은 식
견이 있는 사람은 감정에 치우치지 않고 장기적인 관점으로 생각하
고 행동한다.

명예만을 쫓는 욕심은 사람을 조급하고 비굴하게 만든다. 명예욕
을 내려놓으면 유유자적하게 삶을 즐길 수 있다. 자기 마음을 속이면
서 겉으로 그럴듯하게 꾸미는 것은 진실한 자기 모습대로 사는 것만
못하다.

끝까지 방심하지 말아야 한다

救旣敗之事者 如御臨崖之馬 休輕策一鞭
구 기 패 지 사 사 자 여 어 임 애 지 마 휴 경 책 일 편

圖垂成之功者 如挽上灘之舟 莫少停一棹
도 수 성 지 공 자 여 만 상 탄 지 주 막 소 정 일 도

이미 실패한 일을 되살리려는 사람은 벼랑에 서 있는 말을 부리듯이
가볍게 채찍을 휘두르지 말아야 하며, 성공을 거의 눈앞에 둔 사람은
여울을 거슬러 배를 끌어 올리듯이 잠시라도 노 젓기를 멈춰선 안 된다.

한번 망친 일을 되살리려면 신중해야 한다. 설상가상으로 또다시
실패하면 더 이상 구제하기 힘들기 때문이다. 벼랑 위의 말을 함부로
채찍질하지 않고 조심스럽게 부리듯, 어긋난 것을 바로잡을 때는 완
벽을 기해야 한다.

성공 직전에는 방심하기 쉽다. 지금까지 아무리 노력해왔다 하더
라도 확실하게 성공하기 전에는 끝난 것이 아니다. 어떤 일이든 성공
하려면 마지막까지 게으름 피우지 말고, 목표에 집중해야 결실을 맺
을 수 있는 법이다.

과감함과 진중함을 모두 갖춰야 한다

少年的人 不患其不奮迅 常患以奮迅而成鹵莽
소 년 적 인 불 환 기 불 분 신 상 환 이 분 신 이 성 노 망
故當抑其躁心 老成的人 不患其不持重
고 당 억 기 조 심 노 성 적 인 불 환 기 부 지 중
常患以持重而成退縮 故當振其惰氣
상 환 이 지 중 이 성 퇴 축 고 당 진 기 타 기

젊은이는 맹렬한 힘으로 기운을 떨치지 못할 것을 염려하지 말고,
기세등등하여 진중하지 못하고 경솔하지는 않을까 항상 염려해야 한다.
따라서 조급한 마음을 물리쳐야 한다.
노인은 진중하지 못할 것을 염려하지 말고,
너무 진중하여 움츠리고 소극적으로 되지 않을까 항상 염려해야 한다.
따라서 게으른 기운을 떨쳐버려야 한다.

용기와 인내, 과감함과 진중함을 모두 적절하게 갖추었을 때 일을
이룰 수 있다. 기세등등하게 앞으로 나아가는 힘은 좋지만, 그것에만
의존하면 허점이 생기고 실수하기 쉽다. 특히 혈기왕성한 젊은이들
은 분발하는 힘만을 믿다가 경솔하게 일을 그르칠 수 있다.

반면에 지나치게 조심스러우면 용기와 실행력이 부족할 수 있다.
이것저것 따지며 행동을 주저하면, 일이 진행되지 않는다.

所以君子 寧以風霜自挾 毋爲魚鳥親人
소 이 군 자 영 이 풍 상 자 협 무 위 어 조 친 인

군자는 차라리 바람과 서리(어려움)를 끼고 살지언정

물고기나 새가 사람에게 빌붙듯이 하지 않는다.

지혜로운 자가 되려면

평의편 評議篇

'평의(評議)'란 여러 사람이 서로 의견을 나누는 것이다.
이 장에서는 우주만물과 인생에 대한 여러 가지 주제들을 다룬다.
넓은 시야와 의연함을 갖는 것, 시련을 대하는 자세, 진실함과 겸손함,
만물 일체 등에 대한 깊은 통찰을 얻을 수 있다.

넓은 마음과 확 트인 시야를 가져라

人能以此胸襟眼界 呑吐六合 上下千古
인 능 이 차 흉 금 안 계　탄 토 육 합　상 하 천 고
事來如漚生大海 事去如影滅長空
사 래 여 구 생 대 해　사 거 여 영 멸 장 공
自經綸萬變 而不動一塵矣
자 경 륜 만 변　이 부 동 일 진 의

사람은 가슴속 품은 생각과 세상을 보는 시야로

천지사방을 삼켰다, 토했다 하고 영구한 시간을 오르내린다.

일이 닥치는 것이 큰 바다에 작은 물거품이 이는 것과 같고,

일이 지나가는 것이 넓은 하늘에 그림자가 사라지는 것과 같다.

스스로 만 가지 변화를 지어도 본래 성품은 티끌만큼도 움직이지 않는다.

10m 높이에서 자신을 내려다본다고 생각해보자. 나와 주변 사람들이 크게 차이나 보이지 않을 것이다. 100m 높이에선 멀리 있던 건물도 붙어 있는 것처럼 보이고, 커다란 버스도 손바닥보다 작아 보일 것이다. 1,000m 높이라면, 10,000m 높이라면 어떨까?

우리가 어떤 시각을 가지는지, 어떤 마음을 먹는지에 따라 세상은 달라 보인다. 넓은 마음과 확 트인 시야로 세상을 보면 크고 작은 일이 물거품과 같으니, 자신의 본래 마음을 굳건하게 지킬 수 있을 것이다.

외부 환경에 흔들리지 않는 마음을 가져라

持身涉世 不可隨境而遷 須是大火流金 而清風穆然
지 신 섭 세 불 가 수 경 이 천 수 시 대 화 유 금 이 청 풍 목 연
嚴霜殺物 而和氣藹然
엄 상 살 물 이 화 기 애 연

바르게 처신하며 세상을 살아가려면
외부 환경에 따라 마음이 변해서는 안 된다.
비록 큰불이 쇠를 녹여도 맑은 바람처럼 담담해야 하며,
된서리가 만물을 죽여도 화창한 날씨처럼 온화해야 한다.

한여름 소나기가 세차게 퍼붓다가도 조금 지나면 언제 그랬냐는
듯 구름이 걷히고 맑은 하늘이 제 모습을 드러낸다. 아무리 흐린 날
씨라도 비행기를 타고 구름 위를 날면 밝은 햇빛을 만날 수 있다. 시
커먼 먹구름 위에는 항상 맑은 하늘이다.

우리에게 영향을 미치는 외부 환경은 날씨와 같다. 시시때때로 변
한다. 때로는 된서리가, 때로는 흙비가 내리기도 한다. 하지만 사람
의 본래 마음은 구름 위 청명한 하늘처럼 한결같고 온화하다. 본래
마음에서 벗어나 외부 환경에 휩쓸리면 자신을 지키며 바르게 살아
가기 힘들다.

불필요한 저항에서 벗어나는 방법

作人 要脫俗 不可存一矯俗之心
작인 요탈속 불가존일교속지심
應事 要隨時 不可起一趨時之念
응사 요수시 불가기일추시지념

인격을 만들려면 세속에서 벗어날 필요가 있지만,
세속을 바로잡으려고 해서는 안 된다.
일을 처리하려면 시류를 따를 필요가 있지만,
시류를 추종하려는 마음을 가져서는 안 된다.

청정한 본래 마음을 유지하고 인격을 기르기 위해서는 세속에 물들지 말아야 한다. 그렇다고 해서 세상을 뒤집겠다고 달려들어서도 안 된다. 보통 사람 대다수가 지닌 삶의 방식이나 가치관은 그대로 인정해야 한다. 그렇지 않으면 시기, 질투의 대상이 된다.

세속에서 일을 이루려면 시류에 적절하게 대응하고 적응해야 한다. 하지만 그것에 물들어 비판 없이 따르면 지조를 잃고 아부하게 된다.

불필요한 저항에서 벗어나 뜻을 이루려면 세속을 따르되, 적절한 거리를 두는 지혜가 필요하다.

모든 상황을
인격 수양의 기회로 삼을 수 있다

毁人者不美 而受人毁者遭一番訕謗
훼 인 자 불 미 이 수 인 훼 자 조 일 번 산 방

便加一番修省 可以釋惡 而增美
편 가 일 번 수 성 가 이 석 악 이 증 미

다른 사람을 비방하는 것은 좋은 일이 아니다.

그러나 비방당한 사람은 한 번 비방을 받을 때마다

곧 한 번 더 자신을 성찰하여 나쁜 점을 버리고 좋은 점을 키운다.

모든 상황은 인격 수양의 기회다. 누군가 나를 비방하면 그것 자체
가 유쾌하지는 않다. 하지만 그것을 배움의 기회라고 생각해보면 나
쁜 일이 좋은 일이 된다. 그 비방에 어느 정도 사실이 있다면 나에게
혹시나 허물이 있는지 살펴보면 된다. 만약 근거 없는 비방이라면 나
중에라도 그런 잘못을 하지 않도록 조심하면 된다. 어느 쪽이든 나의
단점을 버리고, 장점을 키울 수 있는 배움의 기회다. 나쁜 상황을 좋
은 상황으로 만들 수 있는 열쇠는 그것을 받아들이는 나에게 있다.

일희일비하지 않아야 하는 이유

天欲禍人 必先以微福驕之
천 욕 화 인   필 선 이 미 복 교 지
所以福來 不必喜 要看他會受
소 이 복 래   불 필 희   요 간 타 회 수
天欲福人 必先以微禍儆之
천 욕 복 인   필 선 이 미 화 경 지
所以禍來 不必憂 要看他會救
소 이 화 래   불 필 우   요 간 타 회 구

하늘이 사람에게 화를 내릴 때는 반드시 먼저 작은 복을 주어 그를 교만에 빠지게 한다. 따라서 복이 오면 즐거워만 할 것이 아니라 다른 것을 함께 보고 받아들여야 한다.

하늘이 사람에게 복을 줄 때는 반드시 먼저 작은 화를 내려 경계하게 한다. 따라서 화가 닥쳤을 때는 걱정만 할 것이 아니라 다른 것을 함께 보고 헤쳐 나가야 한다.

작은 행운에 들떠 교만에 빠지면 신중함을 잊어 옳지 않은 일을 하기 쉽다. 복이 올 때는 자신의 마음부터 잘 다스려야 한다.

나쁜 일이 닥쳤을 때는 그 일에서 배울 점이 무엇인지 생각하면서, 모든 일에 사려 깊고 신중하게 대처하면 곤란한 상황을 이겨 나갈 수 있다.

한결같이 진솔해야 한다

作人 只是一味率眞 蹤跡雖隱還顯
작 인 지 시 일 미 솔 진 종 적 수 은 환 현
存心 若有半毫未淨 事爲雖公亦私
존 심 약 유 반 호 미 정 사 위 수 공 역 사

인격을 형성할 때 다만 한결같이 진솔하면
비록 자취를 숨겨도 도리어 드러난다.
마음을 보전할 때 만약 조금이라도 깨끗하지 못한 마음이 있으면
일을 공정하게 하더라도 사사로울 것이다.

마음을 한결같이 진솔하게 가져야 한다. 맑은 물이 담긴 컵에 물 한 방울을 떨어뜨리면 그 맑음을 유지하지만, 검은색 잉크 한 방울을 떨어뜨리면 컵 속의 물이 전부 까맣게 변한다. 그와 같이 마음이 한결같지 않으면 결국은 드러나게 된다. 사사로운 마음으로 하는 일은 사람들에게 의심을 사기 마련이다.

반대로 한결같이 본래 마음을 지켜 말하고 행동하면, 숨기려 해도 드러나고 사람들의 존경을 받을 수 있다. 사람은 진심을 알아보고 움직이는 존재이기 때문이다.

진실한 마음이 중요하다

貧賤驕人 雖涉虛憍 還有幾分俠氣
빈 천 교 인　수 섭 허 교　환 유 기 분 협 기
英雄欺世 縱似揮霍 全沒半點眞心
영 웅 기 세　종 사 휘 곽　전 몰 반 점 진 심

가난하고 천한 사람이 남에게 교만한 것은,

비록 헛된 교만이라도 도리어 어느 정도 의기가 있는 것이다.

영웅이 세상을 속이는 것은,

비록 기세가 힘차고 빨라 보이지만 조금의 진심도 없는 것이다.

가난하고 천한 사람은 큰 힘을 갖고 있지 않다. 남에게 교만하게 굴다가는 도리어 모욕을 당하기 쉽다. 하지만 그런 사람이 기개를 내세우며 교만하게 군다는 것은, 상황이 불리함에도 불구하고 나름의 의기를 표출하는 것이다. 어느 정도 진실한 마음이 있는 것이다.

영웅이라 칭송받는 사람은 이미 큰 힘을 갖고 있다. 그가 하는 말은 영향력이 있고, 사람들이 따른다. 영웅이 세상을 속인다면 그 속에는 조금의 진심도 없다. 세상을 기만하는 것은 그저 자기의 이익이나 명예심을 위하거나 자아도취에서 비롯된 것일 뿐이다.

사람의 식견이 중요하다

讀書窮理 要以識趣爲先
독 서 궁 리 요 이 식 취 위 선

책을 읽고 이치를 깊이 깨달으려면
반드시 본뜻을 깨닫는 것을 우선으로 해야 한다.

같은 음악을 듣고 식견이 높은 사람은 크게 감동하고 눈물 흘릴 수 있지만, 평범한 사람은 그저 지루한 시간 때우기 정도로만 여긴다. 거장의 그림을 보고 심미안이 있는 사람은 대자연의 장엄함에 압도당하는 듯한 느낌을 받고 전율을 느끼지만, 보통 사람은 별것 아닌 구경거리 정도로만 여길 수 있다.

이처럼 사물의 품격은 그것을 대하는 사람의 식견에 따라 달라진다. 책도 마찬가지다. 책을 읽을 때 깊은 뜻을 음미하지 않고, 주마간산(走馬看山) 격으로 글자를 대충 훑으면 남는 것이 전혀 없다. 글을 읽고 사물의 이치를 깨달으려면 깊이 있게 궁리하고, 본뜻을 깨닫는 것을 목표로 삼아야 한다.

의지를 발휘하고 욕망을 다스려라

少壯者 當事事用意
소장자 당사사용의
衰老者 事事宜忘情
쇠로자 사사의망정

젊고 기운 센 사람은 매사에 의지를 발휘해야 한다.
늙고 쇠약한 사람은 모든 일에 마땅히 욕심을 버려야 한다.

젊음의 가장 큰 장점은 봄의 생명력이다. 새싹이 겨우내 얼어붙은 땅을 뚫고 나오는 그 힘처럼, 강한 의지가 젊은이들이 가진 무기다. 그런데 이 소중한 기운을, 자기 생각 없이 다른 사람의 생각대로 살아가거나 시류에만 휩쓸려 낭비한다면 큰일을 할 수 없다. 자기 의지를 발휘하지 않으면 시간과 에너지를 아깝게 소모하게 된다.

나이 든 사람은 기운은 부족하지만, 인생의 경험을 통해 얻은 깨달음과 지혜가 있다. 이것을 잘 숙성시켜 물욕에서 벗어나 자유를 얻어야 한다. 그렇지 않고 욕심에 얽매이면 코 꿰인 소처럼 죽을 때까지 자유롭지 못하다.

비교하면 불행하다

鶴立鷄群 可謂超然無侶矣
학 립 계 군 가 위 초 연 무 려 의

然進而觀於大海之鵬 則渺然自小
연 진 이 관 어 대 해 지 붕 즉 묘 연 자 소

학이 닭의 무리와 있으면 뛰어나 대적할 상대가 없지만
큰 바다의 붕(鵬)과 비교해보면 지극히 작다.

길쭉한 다리, 새하얀 깃털, 고고한 자태…. 학은 닭의 무리 속에서 단연 돋보인다. 하지만 그것도 닭과 비교했을 때뿐이다. '붕(鵬)'은 《장자》의 [소요유]편에 나오는 크기가 수천 리에 이르는 상상 속 새다. 길이가 몇천 리가 되는 '곤(鯤)'이라는 물고기가 변해 새가 된 것이 '붕'이다. '붕'의 크기 또한 몇천 리나 된다는 말이다. 그러니 '붕' 앞에서 학은 닭 정도 취급도 못 받는다.

아무리 잘난 사람도 어딘가 그보다 잘난 사람이 있다. 남과 비교하면서 교만한 마음을 가지면 언젠가는 자기보다 잘난 사람을 만나 열등감을 느낄 날이 온다. 비교하는 사람은 불행하다. 비교 대상이 달라지면 언제든 보잘것없어질 수 있기 때문이다.

모든 일에는 원인이 있다

蛾撲火 火焦蛾 莫謂禍生無本
아 박 화　화 초 아　막 위 화 생 무 본
果種花 花結果 須知福至有因
과 종 화　화 결 과　수 지 복 지 유 인

나방이 불 옆에서 날개를 치면 불이 나방을 태워버리니
원인도 없이 화가 생긴다 말하지 말라.
열매의 씨에서 꽃이 피고, 꽃피면 열매 맺으니
복이 오는 데 원인이 있음을 알아야 한다.

아무런 원인도 없이 일어나는 일은 없다. 좋은 일도 내가 불러오는 것이고, 나쁜 일도 내가 끌어들이는 것이다. 세상일에 완전한 우연이란 없다. 모두 원인이 있다는 관점에서 보면 모든 일은 필연이다. 원인 중 가장 큰 것은 나의 마음이다. 내가 어떤 마음을 먹느냐에 따라 말과 행동이 달라지고, 말과 행동이 씨앗이 되어 화나 복이라는 열매가 된다.

행복을 원한다면 행복한 마음을 먹고, 행복한 말을 하고, 행복을 위한 행동을 해서 스스로 얻을 수 있다.

만물에 구별을 두지 말아야 한다

秋蟲春鳥 共暢天機 何必浪生悲喜
추 충 춘 조 공 창 천 기 하 필 낭 생 비 희
老樹新花 同含生意 胡爲妄別媸姸
노 수 신 화 동 함 생 의 호 위 망 별 치 연

가을벌레와 봄새는 모두 하늘의 조화에 통하는 것인데
어찌하여 부질없이 슬프다느니, 기쁘다느니 하는 마음을 짓는가?
늙은 나무와 새로 핀 꽃은 모두 살아갈 뜻을 품고 있는 것인데
어찌하여 제멋대로 보기 흉하다느니, 예쁘다느니 구별 짓는가?

슬플 때 들리는 풀벌레 소리는 마음을 더욱 처연하게 한다. 벌레들
도 구슬프게 우는 듯하다. 기쁠 때 들리는 새소리는 마음을 더욱 즐
겁게 한다. 새들도 생기가 넘쳐 노래하는 듯하다. 사람들은 뒷산의
고목은 보기 흉하다 하고, 봄에 새로 피어나는 꽃은 아름답다 한다.

이런 구별은 모두 인위적인 것이다. 세상 만물은 존재 자체로 장엄
하다. 있는 그대로 가치 있다. 사람이 제멋대로 판단하고 구별 짓는
것이다. 만물의 본질을 깨달은 사람에게는 모든 사물이 평등하고 경
계가 없다.

만물은 원래 구분이 없다

萬物一體 原無處分箇彼我
만 물 일 체 원 무 처 분 개 피 아

만물은 근본이 하나로 일체를 이루어 원래 너와 나의 구분이 없다.

    세상 만물은 근본이 하나다. 상상하기 힘들 정도로 작은 미립자들이 오묘한 이치에 따라 다양한 파노라마를 펼쳐 보이고 있는 것이 바로 이 우주다. 각자의 겉모습은 다르지만 본질은 하나이고 경계가 없다. 너와 나의 구분이 없고, 모두가 연결된 장엄한 존재다.

    하지만 사람들은 이런 세상의 본질을 깨닫지 못하고, '눈에 보이는 세계'라는 작은 감옥에 갇혀 자기도 모르게 남들과 나 사이를 가로막는 벽을 세우고, 너와 나를 구분 짓는다.

바쁘게 날뛰지 말고 여유를 가져야 한다

大烈鴻猷 常出悠閑鎭定之士 不必忙忙
대 열 홍 유 상 출 유 한 진 정 지 사 불 필 망 망

休徵景福 多集寬洪長厚之家 何須瑣瑣
휴 징 경 복 다 집 관 홍 장 후 지 가 하 수 쇄 쇄

큰 공과 지략은 항상 여유롭고 마음이 안정된 사람에게서 나오는 법이니

절대 바쁘게 날뛰지 말아야 한다.

상서로운 징조와 커다란 복은 너그럽고 후한 집에 모여드는 법이니

어찌 가혹하고 각박하게 할 것인가?

지나치게 바쁘면 자신이 일을 통제하는 것이 아니라 일에 끌려다닌다. 여유가 없다는 것은 자기 생활을 통제하지 못한다는 말이다.

바쁘게 날뛰는 사람은 정신이 분산되어 자신의 내면과 대화할 수 없다. 내면과 대화하지 못하면 자기 소명을 정의할 수 없다. 그저 외부에서 주어지는 목표와 남의 생각에 따라 살아가게 된다. 결국 원대한 자신의 삶을 살지 못하고 인생을 헛되이 낭비하고 만다.

남의 허물을 각박하게 따지는 사람은 원망을 산다. 상서로운 징조나 큰 복을 얻기 힘들다. 넉넉한 마음으로 지내야 복된 삶을 살 수 있다.

진심으로 해야 진짜다

貧士肯濟人　纔是性天中惠澤
빈사긍제인　재시성천중혜택
鬧場能學道　方爲心地上工夫
요장능학도　방위심지상공부

가난한 선비가 즐거이 남을 돕는다면 타고난 심성에서 우러나온 베풂이다.
시끄러운 곳에서도 도를 배울 수 있다면 마음의 바탕에서 이루어지는 공부다.

부자가 남을 돕는 것은 그리 어려운 일이 아니다. 당장 생계에 문
제가 생기거나 풍요로운 생활에 영향을 주지 않는다. 물론 어느 정도
진실한 마음으로 남을 도울 수도 있겠지만, 가난한 사람이 다른 이들
을 돕는 것에 비할 바는 아니다. 자기 처지가 여유롭지 못하지만 남
을 돕는 것은 본래의 어진 마음에서 나오는 진실한 행동이다.

마찬가지로 외부의 환경이 열악하더라도 도를 구하는 것이야말로
절박한 마음에서 비롯된 진짜 공부다.

가난에도 불구하고 남을 돕고, 열악한 환경에도 불구하고 도를 구
하는 것은, 진심에서 비롯된 것이다. 진심으로 해야 진짜다.

욕심에 얽매이지 말고
자유롭게 살아야 한다

人生只爲欲字所累
인 생 지 위 욕 자 소 루

便如馬如牛 聽人羈絡
편 여 마 여 우 청 인 기 락

爲鷹爲犬 任物鞭笞
위 응 위 견 임 물 편 태

인생을 오직 욕심이라는 글자에 얽매어놓으면

말이나 소처럼 남에 순종하여 굴레와 고삐에 매이고

매나 개처럼 남이 채찍질하는 대로 따르게 된다.

욕심은 사람을 눈멀게 하고 본성에서 벗어나게 한다. 욕심은 주로 육체와 관련이 있다. 육체를 보존하고, 편안하게 하고, 살찌게 하려는 욕심이 일어난다.

인간의 정신은 본래 자유롭다. 자유로워야 인간이다. 하지만 욕심에 얽매이면 육체에 집착하고 정신의 자유는 제한된다. 그리고 욕심을 채우기 위해 스스로 노예의 삶을 택한다. 조금 불편하고 자유로우면 될 텐데, 불편함을 이기지 못해 자신의 자유와 시간을 남에게 헌납하고, 기꺼이 고삐에 매여 채찍질을 당한다.

삶을 즐기는 경지

衆人以順境爲樂 而君子樂自逆境中來
중 인 이 순 경 위 락   이 군 자 락 자 역 경 중 래

보통 사람들은 순조로운 상황에서 기뻐하지만
군자의 즐거움은 역경 속에서 드러난다.

보통 사람들은 일이 마음먹은 대로 이루어지는 순조로운 상황을 좋아한다. 하지만 그런 상황이 계속되면 발전이 없다. 그래서 군자는 일이 자기 뜻대로 되어가는 것을 오히려 근심한다.

보통 사람들은 일이 잘되지 않으면 그 상황에만 집착하여 근심하고 걱정한다. 하지만 일이 잘 풀리지 않는 것은 무언가 잘못된 점을 고칠 수 있는 기회이기도 하다. 군자는 일이 뜻대로 되지 않으면 그 속에서 무엇을 배울지 고민한다. 오히려 고난 속에서 삶의 지혜를 얻는 것이다.

역경 속에서도 배움과 성장의 기쁨을 누리는 사람은 삶 자체를 즐기는 경지에 이른 것이라 할 수 있다.

須是大火流金 而淸風穆然
수 시 대 화 유 금 이 청 풍 목 연

嚴霜殺物 而和氣藹然
엄 상 살 물 이 화 기 애 연

비록 큰불이 쇠를 녹여도

맑은 바람처럼 담담해야 하며,

된서리가 만물을 죽여도

화창한 날씨처럼 온화해야 한다.

사물에 얽매이지 않으려면

한적편 閒適篇

'한적(閒適)'은 마음이 한가하고 유유자적한 것이다.
사물에 마음이 얽매여 있거나, 욕심으로 가득하면
마음이 한가로울 수 없다.
겉모습을 꾸미고 부귀영화를 좇는 것에
지나치게 몰두하면 한가로움에서 멀어진다.
마음에 여백이 있어야 바쁜 가운데에서도
삶을 놀이하듯 즐길 수 있다.
마음을 비워내고 삶의 현실을 긍정하는 자세를 배워보자.

자유로운 기상을 가진 사람

龍可豢 非眞龍 虎可博 非眞虎
용 가 환 비 진 룡 호 가 박 비 진 호

길들일 수 있는 용은 진짜 용이 아니며,
잡아둘 수 있는 호랑이는 진짜 호랑이가 아니다.

    용과 호랑이는 자유로운 존재를 상징한다. 길들일 수 있는 용, 잡아둘 수 있는 호랑이는 진짜가 아니다. 자유로운 본성을 잃어버리고 껍데기만 남은 존재다. 사람도 마찬가지다. 인간의 본성은 자유로운 정신이다. 그것을 남에게 빼앗기면 노예나 다름없다.

    길들이고 잡아두려면 당근과 채찍을 써야 한다. 명예나 이익이라는 당근과 잔인한 형벌과 같은 채찍에 굴복하는 사람은 다른 사람에게 자유를 내어준다. 반면에 욕심의 노예가 되지 않고, 자유로운 기상을 가져 절개와 지조를 지키는 사람은 길들여지지 않는 용과 호랑이처럼 자유롭게 살아갈 수 있다. 이익을 미끼로 낚을 수 있는 사람은 용이나 호랑이가 아니다.

우아함을 지킨다는 것

昂藏老鶴 雖饑 飮啄猶閒
앙 장 노 학 수 기 음 탁 유 한

肯同鷄鶩之營營 而競食
긍 동 계 목 지 영 영 이 경 식

무리에 섞이지 않고 초연한 늙은 학은
비록 굶주리더라도 마시고 쪼아먹음에 오히려 여유가 있다.
닭이나 집오리처럼 악착같이 먹을 것을 두고 다투지 않는다.

배고프더라도 품위를 지키는 정신적인 여유를 가진 사람은 우아하
다. 먹을 것 앞에서 악착스럽게 다투는 사람은 구차하다. 언제 어디
서라도 고고함과 우아함을 지켜야 한다. 그렇지 않으면 스스로 자신
을 되돌아볼 때 자존감이 추락한다.

평소 인격의 수양 정도에 따라 극한의 상황에서 인간의 품위를 지
키는 사람과 그렇지 않은 사람이 나뉜다. 굶주린 상황에서 어떤 이는
자기 빵을 나누어주지만, 어떤 이는 남의 빵까지 빼앗으려 덤벼든다.
유혹 앞에서 품위와 우아함을 잃지 않아야 진짜 군자라 할 수 있다.

적막한 가운데 한 소식을 듣는다

須從木落草枯之後 向聲希味淡之中 覓得一些消息
수 종 목 락 초 고 지 후 향 성 희 미 담 지 중 멱 득 일 사 소 식
纔是乾坤的橐籥 人物的根宗
재 시 건 곤 적 탁 약 인 물 적 근 종

모름지기 나뭇잎이 지고 풀이 말라 죽은 후에
음악 소리도 적고 기분도 담박한 가운데 한 소식을 얻으면
이것이야말로 우주 조화의 이치이며, 인간과 만물의 근원이다.

아름다운 꽃에 둘러싸여 맛있는 음식을 먹고 화려한 음악을 듣고 있으면 기분이 좋다. 오감의 만족은 우리에게 큰 행복감을 준다. 그래서 우리는 오감의 충족을 위해 분주히 뛰어다닌다. 하지만 이런 화려함은 영원하지 않은 것이고, 하나의 환영에 불과하다.

마음이 화려함에 기울어 외부로 향해 있으면, 내면을 들여다볼 수 없다. 소란한 마음에는 깨달음이 깃들지 않는다. 고요한 가운데 내면과 마주할 때 우주와 인생에 대한 한 소식을 들을 수 있다.

육체는 영원하지 않다

看破有盡身軀 萬境之塵緣自息
간 파 유 진 신 구 만 경 지 진 연 자 식
悟入無懷境界 一輪之心月獨明
오 입 무 회 경 계 일 륜 지 심 월 독 명

육신이 다함이 있다는 사실을 간파하면
세상의 부질없는 인연이 저절로 없어진다.
무엇도 품지 않는 경계에 깨달아 들어가면
달과 같은 마음이 홀로 밝아진다.

인간의 욕심은 대부분 몸 때문에 생겨난다. 몸은 다른 사람과 나눠 쓸 수 없는 각자의 것이다. 나라는 존재를 몸에 집중해 인식하면 구분하는 마음이 생길 수밖에 없다. 다른 사람의 몸이 아닌, 자기 몸을 위해 이익을 좇게 되고, 너와 내가 다르다 생각하기 때문에 이기심이 생긴다. 하지만 육신이 반드시 소멸해버리고 만다는 사실을 잊지 않으면 남을 대할 때 이기심에서 벗어날 수 있다.

몸을 비롯해 그 무엇에도 얽매이지 않는 경계에 들어가면 마음이 달처럼 밝아져 헛된 욕심과 망상에서 벗어날 수 있다.

청렴함이 욕망을 이긴다

土床石枕冷家風 擁衾時 夢魂亦爽
토 상 석 침 냉 가 풍 옹 금 시 몽 혼 역 상
麥飯豆羹淡滋味 放箸處 齒頰猶香
맥 반 두 갱 담 자 미 방 저 처 치 협 유 향

흙을 침대 삼고 돌을 베개 삼는 서늘한 집에서
이불 덮고 자면 꿈속에서도 상쾌하다.
보리밥과 콩국의 담백한 맛은
수저를 내려놓아도 입안이 오히려 향기롭다.

검소하게 살아가는 사람은 욕심이 없고 마음이 텅 비어, 꿈속에서도 기운이 맑고 깨끗하다. 보리밥이나 콩국처럼 담박한 맛을 즐기면, 비린내나 누린내 없이 입안이 향기롭다.

가난함은 사회적 제도의 미비함에서 어쩔 수 없이 주어지기도 하고, 개인적인 게으름과 무지에서 비롯된 것인 경우도 많다. 하지만 스스로 선택한 청렴함은 삶을 더 빛나고 풍성하게 해준다. 가난은 찬양의 대상이 아니지만, 청렴함은 다른 사람들에게 귀감이 되는 멋진 삶의 자세다.

말과 행동이 일치하지 않는 이유

談紛華而厭者 或見紛華而喜
담 분 화 이 염 자 혹 견 분 화 이 희
語淡泊而欣者 或處淡泊而厭
어 담 박 이 흔 자 혹 처 담 박 이 염

분잡하고 화려한 것을 싫다고 말하는 사람이
그런 것을 보고 기뻐하기도 하고,
담박한 것을 좋아한다고 말하는 사람이
그런 곳에 가면 싫어하기도 한다.

말로는 화려함을 싫다고 하지만, 실제 화려함을 보고 기뻐하는 사람이 있다. 말로는 소박한 것을 좋아한다고 하지만, 실제 그런 곳에 가면 싫은 티를 내는 사람이 있다. 비슷한 부류다. 말로는 고고한 척, 세속의 화려함과 거리가 먼 척하면서 실제로는 화려한 세속의 삶을 원하는 것이다.

말과 행동이 일치하지 않는 것은 마음이 일정하지 않기 때문이다. 머리로는 화려함을 멀리하는 게 좋다고 생각하지만, 욕구가 아직 정리되지 않은 것이다. 화려함을 잊고 담박한 것을 즐길 수 있는 경지에 가지 않고 고고한 척하는 것은 자신을 속이는 것이다.

부귀영화에 집착하면 죽을 때 연연한다

富貴的一世寵榮 到死時
부 귀 적 일 세 총 영　도 사 시
反增了一個戀字 如負重擔
반 증 료 일 개 련 자　여 부 중 담

부귀한 사람의 영화는 세상을 떠날 때
'戀(연)'자 하나를 더해(연연하는 마음을 더해) 무거운 짐을 더하는 것과 같다.

죽으면 아무것도 소유할 수 없다. 너무 많은 것을 소유한 사람은 죽음 앞에서 마음이 무겁다. 조금 더 살면 가진 것을 더 누릴 수 있을 텐데 두고 떠나는 것에 아쉬운 마음이 든다. 자신이 죽은 뒤 자손들이 유산 상속 문제로 다툼이 있지는 않을까 걱정이 될 수도 있다. 살았을 때 부귀영화가 오히려 마음에 무거운 짐이 되어버린다.

만약 자기가 소유한 모든 것을 죽음과 동시에 사회에 환원하고 주변에 나누어준다면 어떨까? 마치 매미가 껍질을 벗고 떠나듯 가벼운 마음으로 훌훌 털고 갈 수 있지 않을까?

부끄러운 삶을 살지 말아야 하는 이유

人之有生也
인 지 유 생 야

如太倉之粒米 如灼目之電光 如懸崖之朽木
여 태 창 지 입 미　여 작 목 지 전 광　여 현 애 지 후 목

如逝海之巨波 如何看他不重 而貽虛生之羞
여 서 해 지 거 파　여 하 간 타 부 중　이 이 허 생 지 수

사람의 일생은,

커다란 창고의 한 톨 쌀과 같고, 눈앞에 번쩍이는 번갯불 같으며,

벼랑 끝에 매달린 썩은 나무와 같고, 바다 위를 지나는 큰 파도와 같다.

어찌 이 사실을 소중하게 여기지 않고, 헛된 삶의 부끄러움을 남길 것인가?

인생이 무엇인지 곰곰이 생각해보면 참으로 보잘것없고 허망하다.

대우주에서 인간은 한 톨 쌀처럼 몹시 작은 존재다. 기껏해야 백 년 정도 살다가는 시간은 번갯불이 번쩍인 듯 짧은 순간이다. 삶의 위태로움은 언제 꺾여 떨어질지 모르는 벼랑 끝 썩은 나무와도 같다. 한 치 앞도 예측할 수 없는 우리네 인생은 파도처럼 변화무쌍하다.

이렇게 꿈같은 인생을 허송세월하면서 헛되게, 부끄럽게 살아가서는 안 될 것이다.

마음을 편하게 갖고 초연히 살아가야 한다

東海水 曾聞無定波 世事何須扼腕
동 해 수 증 문 무 정 파 세 사 하 수 액 완
北邙山 未省留閒地 人生且自舒眉
북 망 산 미 성 유 한 지 인 생 차 자 서 미

동해에 일정한 파도가 있다는 말을 들어본 적 없으니,
세상사에 어찌 팔을 걷어붙이고 분개하려 하는가?
북망산에 빈 땅이 남은 것을 본 적이 없으니,
인생사에 눈썹을 찡그리지 말아야 한다.

바다에는 매번 파도가 일정하게 일어나지 않는다. 예측할 수 있는 파도란 없다. 인생도 마찬가지다. 눈앞에 어떤 일이 벌어질지 전혀 알 수 없다. 일어나는 모든 일에 팔을 걷어붙이고 분노해봤자 아무것도 얻을 수 없다. 좋은 일도, 나쁜 일도 파도처럼 일어났다, 사라졌다를 반복한다. 현실을 있는 그대로 받아들이는 것이 현명하다.

북망산은 묘지가 많아 '죽음'을 의미한다. 북망산에 빈 땅이 남지 않는다는 것은 누구나 결국 죽음을 맞이한다는 말이다. 인생은 변화무쌍하고 사람은 모두 죽음을 맞이한다. 마음을 편하게 갖고 초연히 살아가는 것이 현명한 삶의 태도다.

바쁜 가운데 한가함을 구하라

只是向忙裡偸閒 遇缺處知足
지 시 향 망 리 투 한 우 결 처 지 족

則操縱在我 作息自如
즉 조 종 재 아 작 식 자 여

다만 바쁜 가운데서도 한가함을 얻고,

부족한 곳에서 만족할 줄 알면,

자유로움이 나에게 있고 일함과 쉼을 자유자재로 할 수 있다.

우주 만물은 한순간도 쉬지 않고 운행한다. 지구는 쉼 없이 자전과 공전을 반복하고, 태양은 끊임없이 생명의 빛을 뿌려준다. 수증기는 하늘로 올라가 구름이 되었다가 빗물이 되어 떨어지며 생명을 살린다.

대자연이 분주하듯, 복잡다단한 인간의 삶도 바쁘다. 때로는 홍수가 나고 가뭄이 들 듯, 인간 세상에서도 모든 것이 완벽하지 않고 과부족이 생기기 마련이다. 바쁜 가운데서도 여유를 찾고, 부족한 곳에서도 만족할 줄 알면, 그 중용을 잡은 것이다. 조화는 내 마음속에 있다.

깨달음은 멀리 있지 않다

會心不在遠 得趣不在多
회심부재원 득취부재다
盆池拳石間 便居然有萬里山川之勢
분지권석간 편거연유만리산천지세
片言隻語內 便宛然見千古聖賢之心
편언척어내 편완연견천고성현지심

마음의 깨달음은 멀리 있지 않고, 뜻을 얻는 데 많은 것이 필요치 않다.
물동이만 한 연못과 주먹만 한 돌 사이에 만 리에 이르는 산천의 형세가 있고,
한마디 말에도 옛 성현의 마음이 완연하게 드러나 있다.

원효대사는 해골에 고인 물을 달게 마시고 다음 날 구토를 한 강렬한 체험을 한 뒤에 모든 것이 마음에 달려 있다는 이치를 스스로 깨달았다.

깨달음은 많은 돈을 들이거나 먼 곳에 가야만 얻을 수 있는 것이 아니다. 작은 연못 속에도 자연의 섭리를 얻을 수 있고, 한두 줄 짧은 글에서도 이치를 깨달을 수 있다. '깨달음이란 이러이러한 것'이라는 허상에 빠지면 작은 것에서 이치를 깨닫기 힘들다.

이것저것 많이 아는 것보다 하나라도 깊이 있게 이해하고, 궁리하는 것이 중요하다. 박학다식이 깨달음의 깊이를 말해주지 않는다.

꾸미려 하지 말고 있는 그대로 당당해야 한다

逸態閒情 惟期自尙 何事外修邊幅
일 태 한 정 유 기 자 상 하 사 외 수 변 폭
清標傲骨 不願人憐 無勞多費胭脂
청 표 오 골 불 원 인 련 무 노 다 비 연 지

편안한 태도와 한가한 마음은,

오직 자신을 높이기 위함이니 어찌 겉모습만 꾸미겠는가.

청아한 외모와 당당한 기골은,

사람들의 관심을 원치 않는 것이니

연지를 많이 써가며 꾸미느라 수고할 필요가 없다.

겉모습을 꾸미는 것의 본질은 남에게 자기 본모습보다 더 나은 평가를 받기 위한 아첨과도 같다. 물론 사람 사이의 만남에서 기본적인 예의를 지키는 수준의 정갈한 꾸밈은 필요하다. 하지만 필요 이상으로 남에게 잘 보이기 위한 꾸밈은 다른 이들에게 은혜와 사랑을 구걸하는 것이다. 본래 있는 그대로 의젓하고 당당하면 된다.

겉모습은 깔끔하고 단정하게 기본적인 예의는 갖추되, 쓸데없이 꾸미며 비굴해지지 말아야 할 것이다.

누추한 곳에 있어도 정신이 자유롭다

棲遲蓬戶 耳目雖拘 而神情自曠
서 지 봉 호　이 목 수 구　이 신 정 자 광
結納山翁 儀文雖略 而意念常眞
결 납 산 옹　의 문 수 략　이 의 념 상 진

누추한 집에서 한가하게 지내면
비록 보고 듣는 것은 제한이 있지만 정신은 저절로 넓어진다.
산골 노인과 의지하며 살면 비록 예절은 부족하지만 생각은 항상 진실하다.

크고 화려한 집에서 바쁘게 지내는 것이 좋아 보여도 그 속을 들여다보면 결코 부러워할 만한 것이 아니다. 부를 유지하기 위해 멈추지 않는 욕심을 부리고, 그에 따른 크고 작은 걱정이 끊이지 않는다. 겉으로는 화려하지만 내면은 공허하다. 누추한 집에서 한가하게 지내면 겉으로는 보잘것없지만, 정신은 물질을 초월해 광활한 우주를 노닐 수 있다.

세련된 사람들과는 예의를 갖추어 어울리고, 조리 있는 대화를 할 수 있지만 생각에 꾸밈이 많아 진실함이 부족하다. 산골 노인은 비록 투박하게 말하고, 예와 격식은 없지만 그 생각이 진실하여 사귐에 꾸밈이 없다.

스스로 이루려는 기개를 가져야 한다

造化喚作小兒 切莫受渠戲弄
조 화 환 작 소 아　절 막 수 거 희 롱
天地丸爲大塊 須要任我爐錘
천 지 환 위 대 괴　수 요 임 아 노 추

만물의 조화를 어린아이처럼 여겨
절대 그 희롱에 놀아나지 말아야 한다.
천지를 큰 흙덩어리로 여겨
내 마음대로 할 수 있어야 한다.

천지자연의 조화는 사람이 마음대로 할 수 있는 것은 아니다. 하지만 그것을 두려워하여 자기 삶을 스스로 개척하려는 의지를 잃으면 '운명'이라는 감옥에 자기를 가두어버리는 것이다.

이 우주는 형체가 없는 흙덩이와 같다. 그 흙덩이를 어떤 모양으로 만들어 생명력을 불어넣는 힘은 우리 내면에 존재한다. 그것을 깨닫지 못하고 외부 현상에 의존해버리면 진짜 자신이 되지 못하고, 이리저리 휘둘리는 삶을 벗어나지 못한다.

모든 것을 스스로 이루어내려는 기개가 있어야 운명이라는 실체 없는 한계를 극복하고, 자기만의 길을 만들어낼 수 있다.

처세의 지혜를 얻으려면

개론 槪論

이 장에서는 마음의 수양과 처세에 관한 다양한 지혜를 전한다.
내면의 진실한 마음을 들여다보는 여유로움,
한때의 곤궁에 좌절하지 않는 마음가짐, 베푸는 삶,
세속의 속박에서 벗어나
관조하는 삶의 자세 등에 대해 생각해보자.

마음은 드러내고 재능은 숨긴다

君子之心事 天靑日白 不可使人不知
군자지심사 천청일백 불가사인부지
君子之才華 玉韞珠藏 不可使人易知
군자지재화 옥온주장 불가사인이지

군자의 마음속 일은 하늘처럼 푸르고 해처럼 밝게 하여
다른 사람들이 모르게 하면 안 된다.
군자의 빛나는 재주는 옥과 구슬을 감추듯 하여
다른 사람들이 알도록 해서는 안 된다.

군자의 마음속 품은 뜻과 덕은 사람들에게 알려져야 한다. 어떻게 살아야 하는지, 무슨 생각으로 어떤 행동을 하는지 꾸밈이 없어야 오해가 생기지 않는다. 그렇게 하지 않으면 뛰어난 사람은 하나의 본보기가 아니라 신격화, 우상화의 대상이 되어버린다. 사람들이 그의 행동을 따르려 하기보다 찬양하기만 하고 그 뜻을 실천하지는 않는다.

군자의 재주가 드러나면 시기와 질투의 대상이 된다. 쓸데없는 저항을 피하고, 군자의 소명을 수행하기 위해 재능은 잘 숨겨야 한다.

듣기 좋은 말은 오히려 경계해야 한다

耳中常聞逆耳之言 心中常有佛心之事
이 중 상 문 역 이 지 언　심 중 상 유 불 심 지 사

纔是進德修行的砥石
재 시 진 덕 수 행 적 지 석

若言言悅耳 事事快心 便把此生埋在鴆毒中矣
약 언 언 열 이　사 사 쾌 심　편 파 차 생 매 재 짐 독 중 의

귀에는 항상 거슬리는 말이 있고

마음에는 항상 마음을 어그러지게 하는 일이 있다면,

이것은 곧 덕을 더하고 실천하게 하는 숫돌과 같다.

만약 들리는 말마다 귀에 듣기 좋고 일어나는 일마다 마음에 흡족하면,

이것은 인생을 짐독(짐새의 강한 독) 속에 묻어버리는 것이다.

남들이 비난이나 충고를 할 때는 나의 허물을 바로잡을 수 있는 계기다. 누구도 허물을 지적해주지 않는다면 교만에 빠질 수 있다. 또한 그 지적이 그저 무례하기만 한 것이라도 도움이 된다. 상대가 지적한 이유와 심리를 숙고하면서 그의 고정관념은 무엇인지, 나는 그런 면이 없는지를 성찰할 수 있다.

일이 뜻대로 되지 않을 때야말로 인생을 점검하고 성장할 수 있는 기회다. 모든 일이 순조롭다면 자신을 돌아보지 않는 교만에 빠진다.

지극한 도는 평범하다

醲肥辛甘非眞味 眞味只是淡
농 비 신 감 비 진 미   진 미 지 시 담
神奇卓異非至人 至人只是常
신 기 탁 이 비 지 인   지 인 지 시 상

독한 술, 기름진 고기, 맵고 단맛은 참된 맛이 아니다.
참된 맛은 담백할 뿐이다.
신기하고 뛰어나게 남다른 사람이 지극한 도에 이른 사람이 아니다.
지극한 도에 이른 사람은 평범할 뿐이다.

눈에 띄거나 자극적인 것은 모두 한쪽 극단에 치우친 것이다. 그저
변화의 다양함에서 드러나는 말단이지, 본질적인 도가 아니다.

지나치게 맵고, 짜고, 단맛은 조금만 먹어도 싫증난다. 자극적인
맛에 계속 노출되면 미각이 금세 마비되어 버린다. 밥이나 물처럼 아
무 맛도 나지 않는 것이 도에 가깝다.

화려한 언변, 기이한 옷차림, 신기한 재주를 가진 사람은 남달리
눈에 띌 뿐, 도에 이른 사람은 아니다. 지극한 도에 이른 사람은 오히
려 지극히 평범하다. 해가 뜨면 일하고, 배고프면 먹고, 해가 지면 천
지와 더불어 고요히 잠들 뿐이다.

자신의 마음을 피하지 말고 바라보라

夜深人靜 獨坐觀心
야 심 인 정 독 좌 관 심
始知妄窮而眞獨露 每於此中得大機趣
시 지 망 궁 이 진 독 로 매 어 차 중 득 대 기 취
旣覺眞現而妄難逃 又於此中得大慚悔
기 각 진 현 이 망 난 도 우 어 차 중 득 대 참 회

밤이 깊고 사람이 없을 때 홀로 앉아 마음을 바라보면

망령된 생각이 사라지고, 진실한 마음만 드러남을 비로소 깨닫고

매번 그 안에서 은밀한 흥취를 얻는다.

진실한 마음이 나타나 망령된 생각을 숨기기 어려움을 깨달으면

그 안에서 크게 부끄러워진다.

주변이 잠잠할 때 내면을 들여다볼 수 있다. 해야 할 일이나 나를 찾는 사람이 없는, 절대 고독의 시간에 내면과 직면해보자. SNS를 쳐다보며 남을 부러워하거나, 온갖 영상을 보며 새로운 소란을 일으키지 말고, 오직 자신과의 대화에 집중해보자.

그러면 내 본래 마음이 드러난다. 본 마음을 만나면 그 진실한 경계에서 그간 품어온 망령된 생각이 부끄러워질 수 있다. 하지만 그 또한 내 모습이다. 바라보고, 흘려보내면 그만이다.

실패에 좌절하지 마라

恩裏由來生害 故快意時 須早回頭
은 리 유 래 생 해　고 쾌 의 시　수 조 회 두
敗後或反成功 故拂心處 切莫放手
패 후 혹 반 성 공　고 불 심 처　절 막 방 수

은혜로 인해 해로운 일이 생기는 법이니

마음이 흡족할 때 재빨리 생각을 돌이켜보라.

실패한 뒤에 반대로 성공하는 경우가 있으니

마음을 거스르는 곳에서도 절대로 손을 떼지 말아야 한다.

세상일은 어느 방향으로 전개될지 알 수 없다.

누군가에게 도움을 계속 받는 것이 일견 좋아 보일지 몰라도, 결과적으로는 좋지 않다. 남에게 의존하는 마음이 자라나기 때문이다. 유소년 시절에는 적절한 도움이 득이 되지만, 성인이 되어서도 남에게 의존하는 습성이 남아 있으면 그 몸이 따라서 망한다.

한 번 실패했다고 포기해버리는 사람은 거기서 끝이지만, 그것을 발판 삼아 끝까지 행동하는 사람은 더 크게 성공할 수 있다. 실패를 기회로 여기고, 끝까지 해내는 정신이 필요하다.

마음을 너그럽게 하고 큰 업적을 이룬다

面前的田地 要放得寬 使人無不平之歎
면 전 적 전 지 요 방 득 관 사 인 무 불 평 지 탄
身後的惠澤 要流得長 使人有不匱之思
신 후 적 혜 택 요 류 득 장 사 인 유 불 궤 지 사

살아 있을 때 마음의 바탕을 너그럽게 넓히고

사람들이 불평하게 하지 않도록 하라.

죽은 뒤에 혜택은 오래도록 전해져

사람들이 모자라다는 생각을 하지 않게 하라.

살아서는 커다란 연못과 같은 사람이 되어야 한다. 큰 연못에 작은
물고기, 벌레, 개구리, 새 등 수많은 생명이 모여들듯, 너그러운 마음
을 가진 사람에게는 다양한 사람들이 모여든다. 타인에 대한 관대함
은 사람을 끌어들인다.

이렇게 모인 사람들과 함께 가치 있는 일을 하면 그 은덕이 크다.
혼자서 하면 한 그루의 나무를 심을 수 있지만 10명이 하고, 100명이
하면 20그루, 500그루의 나무를 심을 수 있다. 합심의 힘이 크기 때
문이다.

남과 더불어 살아가라

路徑窄處 留一步與人行
노경착처 유일보여인행

滋味濃的 減三分讓人食 此是涉世一極樂法
자미농적 감삼분양인식 차시섭세일극락법

좁은 지름길에서는 한 걸음 멈춰서 다른 이가 먼저 지나가게 하고,
윤기가 흐르고 맛좋은 음식은 10분의 3을 덜어내어 남에게 양보하라.
이것이 세상을 지극히 즐겁게 살아가는 방법이다.

사람은 경쟁만 하면서는 살아갈 수 없다. 약육강식, 우승열패와 같은 말은 우리가 살고 있는 세상의 성격을 설명해주기는 하지만 그것이 전부는 아니다. 우주는 기본적으로 사랑으로 생겨나 흘러간다.

세상 속에서 지극한 즐거움을 누리는 비결은 나눔이다. 나눔을 통해 자기 만족을 누리는 것도 좋지만 그 속에서는 '너와 내가 같다'는 깨달음이 있어야 한다.

남에게 양보하고 더불어 살아가는 것, 그리고 모든 생명이 연결되어 있다는 깨달음이 지극한 즐거움을 준다.

참된 사람이 되는 길

作人 無甚高遠的事業 擺脫得俗情 便入名流
작 인　무 심 고 원 적 사 업　파 탈 득 속 정　편 입 명 류
爲學 無甚增益的工夫 減除得物累 便臻聖境
위 학　무 심 증 익 적 공 부　감 제 득 물 루　편 진 성 경

참된 사람이 되는 것이 대단히 높고 멀리 떨어진 것이 아니다.

세속의 인정을 탐내는 마음에서 벗어나면,

이름난 사람들의 무리에 들어갈 수 있다.

학문을 한다는 것은 무작정 열심히 공부만 한다고 되는 것이 아니다.

세상의 괴로운 일에 얽매이지 않으면, 성인의 경지에 이를 수 있다.

　참된 사람이 되고 학문을 통해 깨달음을 얻는 것은 어렵지 않다. 세속에 대한 집착을 내려놓으면 된다. 도를 구하기 위해 히말라야에 오르거나, 깨달음을 얻기 위해 세상에 나와 있는 모든 책을 읽을 필요가 없다. 삶의 핵심적인 섭리를 깨달아 실천하는 것이 중요하다.

　깨어서 살아가되, 초월하는 것이 그 방법이다. 객관적인 시각으로 내 삶을 바라보되, 세속에 매몰되지 않고 한 걸음 떨어져서 살아가는 것이다. 그러면 지나치게 기뻐하거나 슬퍼할 일도 없다. 모든 것을 내려놓고 초월한 경지에서 삶을 즐기는 것이 성인의 길이다.

교만함을 멀리하라

蓋世的功勞 當不得一個矜字
개 세 적 공 로　당 부 득 일 개 긍 자
彌天的罪過 當不得一個改字
미 천 적 죄 과　당 부 득 일 개 개 자

세상을 덮을 만한 공로도 '矜(긍, 자랑하다)' 한 글자 앞에서 무너지고
하늘에 미치는 죄도 '改(개, 고치다)' 한 글자 앞에서 사라진다.

　세상을 다 덮을 만한 공을 세운 사람이라도 교만하고 자랑하는 마음을 품으면 그 공이 퇴색된다. 사람들이 칭송하다가도 교만한 모습에 마음이 돌아선다. 스스로 공을 깎아내리는 최고의 비결은 자랑하는 것이다.

　아무리 많은 죄를 지었더라도 괴로워할 필요 없다. 고치면 된다. 자신의 잘못을 인정하고, 그것을 고치면 그 죄는 사라진다. 물론 현실적으로는 죗값을 받겠지만, 죄를 고치기로 마음먹은 그 순간부터는 더 이상 양심의 가책을 느낄 필요가 없다. 경험을 통해 배워가는 것이 우리 삶의 목적이기 때문이다. 자신을 심판하며 괴로워할 시간에 당장 허물을 고치는 것이 낫다.

완벽함보다 여유를 추구하라

事事留個有餘不盡的意思
사 사 유 개 유 여 부 진 적 의 사
便造物不能忌我 鬼神不能損我
편 조 물 불 능 기 아 귀 신 불 능 손 아

일마다 여유를 갖고 뜻과 생각을 다하지 않는다면
곧 조물주도 나를 미워하지 못하고 귀신도 나를 해치지 못할 것이다.

그릇에 물을 담을 때는 가득 채우지 말고, 20~30% 정도는 여유를 남겨둬야 물을 마시기 쉽다. 이와 마찬가지로 자기가 가진 에너지를 모두 소진해가면서 최대한의 성과를 만들어내려고 밀어붙이면 부작용이 일어난다. 즉, 여유가 없으면 병통이 생긴다는 말이다.

천지도 봄여름 동안 사물을 길러낸 다음, 가을과 겨울이 오면 그 에너지를 반대로 돌려 씨앗을 만들어낸다. 여유를 통해 다음 해에 생명이 이어지도록 하는 것이다. 만약 나무가 봄여름이 지나고도 미친 듯이 성장을 계속해버린다면 생명력이 고갈되어 말라 죽을 것이다.

수준에 맞게 가르친다

攻人之惡 無太嚴 要思其堪受
공 인 지 악 무 태 엄 요 사 기 감 수
敎人以善 毋過高 當使其可從
교 인 이 선 무 과 고 당 사 기 가 종

다른 사람의 잘못을 나무랄 때는 지나치게 엄하게 하지 말고
받아들일 수 있는 한도를 생각해야 한다.
다른 사람에게 선을 가르칠 때는 지나치게 수준을 높게 하지 말고
마땅히 상대가 따를 수 있는 정도에서 가르쳐야 한다.

궁지에 몰린 쥐는 고양이를 공격한다. 부모가 자식을 지나치게 몰아붙이면 아이가 엇나갈 수 있다. 다른 사람의 잘못을 나무랄 때는 완급 조절이 필요하다. 지나치게 엄하게 하면 감정이 상하고, 반발심이 들 수 있다. 감정이 상한 뒤부터는 말이 맞고, 틀리고는 중요한 문제가 아니게 된다. 감정싸움이 되어버린다.

아무리 좋은 것이라 하더라도 가르침을 받을 사람의 수준을 생각하지 않으면 서로 피곤한, 시간 낭비가 된다. 유치원생에게는 플라톤의 이데아를 설명하기보다 같이 뛰어노는 것이 낫다.

밝음은 어둠에서 생긴다

糞蟲至穢 變爲蟬 而飮露於秋風
분 충 지 예 변 위 선 이 음 로 어 추 풍

腐草無光 化爲螢 而燿采於夏月
부 초 무 광 화 위 형 이 요 채 어 하 월

故知 潔常自汚出 明每從暗生也
고 지 결 상 자 오 출 명 매 종 암 생 야

굼벵이는 지극히 더럽지만, 매미로 변해 가을바람에 이슬을 마신다.

썩은 풀은 빛이 없으나, 반딧불이 자라 여름 달 아래 빛을 발한다.

그러므로 깨끗함은 항상 더러움에서 나오고,

밝음은 매번 어둠에서 생긴다는 것을 알아야 한다.

굼벵이를 보면 변신한 뒤의 매미 모습을 상상하기 어렵다. 썩은 풀에서는 아무것도 살 수 없을 것 같지만 반딧불이 나고, 자라나 빛을 밝힌다.

만물은 항상 변한다. 가난했던 사람도 자기 노력과 의지로 부유해질 수 있고, 미천한 신분이었던 사람이 위대한 업적을 이루어낼 수도 있다. 역사적으로 보면 보잘것없는 배경을 가진 사람이 크게 성공한 경우가 부지기수다. 누구나 일시적으로 곤궁할 수 있다. 한때의 곤궁한 처지를 비관하면서 주저앉아 있지 말아야 한다.

바른 기운과 참마음을 드러내는 길

矜高倨傲 無非客氣 降伏得客氣下 而後正氣伸
궁 고 거 오　무 비 객 기　항 복 득 객 기 하　이 후 정 기 신
情欲意識 盡屬妄心 消殺得妄心盡 而後眞心現
정 욕 의 식　진 속 망 심　소 살 득 망 심 진　이 후 진 심 현

자랑과 교만은 객기 아닌 것이 없으니,

객기를 굴복시킨 후에 바른 기운이 펼쳐진다.

정욕과 의식은 모두 망령된 마음에 속하니,

망령된 마음을 모두 소멸시켜 죽인 후에 참마음이 드러난다.

본래의 바른 기운과 참마음은 파도 밑의 거대한 바다처럼 항상 잠재되어 있다. 하지만 사나운 바람의 영향으로 이리저리 파도가 치듯, 객기와 망령된 마음이 의식의 표면에 자리 잡아 본성을 어지럽게 한다.

자랑하는 마음은 한쪽으로 치우친 객기다. 이 객기라는 파도를 잠재우면 공명정대한 마음, 바른 기운이 펼쳐진다. 욕심과 판단하는 의식은 모두 망령된 마음이다. 이 망령된 마음이라는 파도를 잠재우면 참마음이 드러난다. 욕심을 거둬내고 판단을 중지하면, 있는 그대로 세상을 바라볼 수 있다.

욕망에 사로잡히지 말라

人常以事後之悔悟 破臨事之痴迷
인 상 이 사 후 지 회 오   파 임 사 지 치 미

則性定而動無不正
즉 성 정 이 동 무 부 정

사람이 항상 일이 지난 후에 후회할 것을 생각하여

일에 임할 때 어리석음과 미혹함을 물리치면

곧 본래 성품이 안정되어 행동에 부정함이 없을 것이다.

식욕의 노예가 되어 배 터지게 음식을 먹고 나면 후회가 밀려온다. 놀고 싶은 마음이 지나쳐 밤새도록 술 마시고, 춤추고, 노래하며 놀다가 떠오르는 해를 보면 허탈하다.

무슨 일이든 그 결과를 생각해보아야 한다. 적절하게 욕구를 해소하는 것이 아니라 욕망의 노예가 되면 남는 것은 후회뿐이다. 그래서 필요한 것이 안전장치다. 자신이 욕망에 약할 수밖에 없는 존재임을 인정하고, 지나치게 욕망에 사로잡히지 않도록 미리 자신을 제어할 수 있는 장치를 마련해두는 것이 현명하다.

맑은 기상과 큰 경륜을 동시에 품어라

居軒冕之中 不可無山林的氣味
거 헌 면 지 중　불 가 무 산 림 적 기 미
處林泉之下 須要懷廊廟堂的經綸
처 임 천 지 하　수 요 회 랑 묘 당 적 경 륜

관직에 있는 중에도 자연 속의 기질과 멋을 잃지 말아야 하고,
숲속 샘가에서도 모름지기 조정에서의 경륜을 품어야 한다.

세속에서 권력과 명예를 추구하며 경륜을 펼치다 보면, 그 속에만
빠져 자연스러운 자신의 모습을 잃어버릴 수 있다. 세상일을 하면서
도 자연 속에서의 풍류와 깨끗함을 잃어버리지 않도록 노력해야 한
다. 그렇지 않으면 일에만 빠져 정신이 지쳐버리거나 원래 본성에서
멀어질 수 있다.

일선에서 물러나 자연과 벗하며 살더라도 세상에 도움이 되는 뜻
을 버려서는 안 된다. 기회가 있다면 언제든지 다른 이들을 위해 봉
사할 수 있는 마음의 여유를 가지고 있어야 한다. 그렇지 않으면 홀
로 유유자적할 뿐 세상에 전혀 도움이 되지 않을 것이다.

신중함도 지나치면 해가 된다

憂勤是美德 太苦 則無以適性怡情
우 근 시 미 덕　태 고　즉 무 이 적 성 이 정
淡泊是高風 太枯 則無以濟人利物
담 박 시 고 풍　태 고　즉 무 이 제 인 이 물

근심과 근면함은 미덕이지만,

지나치게 힘쓰면 본성을 충족하고 감정을 온화하게 하지 못한다.

담박함은 고상한 모습이지만,

지나치게 메마르면 사람을 구제하고 사물을 이롭게 하지 못한다.

무엇이든 지나치면 좋지 않다.

매사에 신중하고 힘써 노력하는 것은, 물론 좋은 태도이지만 마음
이 지칠 정도로 조심하고 애쓰면 자기 본성과 감정이 불편해진다.

사치스럽지 않고 담박한 것은, 고상하고 존경받을 만한 태도이지
만 이 또한 지나치면 좋지 않다. 깨끗한 물에 물고기가 모이지 않듯
지나치게 혼자만의 고상함을 추구하면, 다른 사람을 포용하고 이롭
게 할 수 없다.

조심하고 노력하되 자기가 괴롭고 지치지 않을 정도로 하고, 담박
함과 고상함을 추구하되 사람들을 품을 수 있어야 한다.

막다른 길에서는 초심으로 돌아가라

事窮勢蹙之人 當原其初心
사 궁 세 축 지 인　당 원 기 초 심
功成行滿之士 要觀其末路
공 성 행 만 지 사　요 관 기 말 로

일이 막다른 길에 이르고 형세가 위축된 사람은

마땅히 초심으로 돌아가야 하고,

공을 이루고 행동이 성취된 선비는

자신의 말로를 내다보아야 한다.

　일이 생각대로 되지 않고 궁지에 몰렸을 때는, 그 실패의 현상에만 매몰되어 전전긍긍하지 말아야 한다. 그러면 쓸데없이 걱정의 늪에서 허우적거릴 뿐이다. 이럴 때는 다시 처음으로 돌아가 계획을 점검하고 새롭게 시작할 의기를 다져야 한다.

　성공을 거두었을 때는, 시기와 질투를 받게 되니 조심해야 한다. 가장 높이 올라갔을 때는 떨어질 일만 남은 것이다. 떠나갈 시기와 방법을 고민하고 마지막을 대비해야 한다.

　현재 상황에만 빠져 있지 말고 대국적인 흐름과 기틀을 볼 줄 알아야 한다.

넘치면 베풀어야 한다

富貴家 宜寬厚 而反忌刻
부귀가 의관후 이반기극

是富貴而貧賤其行 如何能享
시부귀이빈천기행 여하능향

부귀한 집은 마땅히 너그럽고 후해야 함에도,

남을 시기하고 이기려 들면

이것은 부귀하지만 행동을 가난하고 천하게 하는 것이니

어찌 부귀를 오래 누리겠는가?

물이 흐르다 막히면 고여서 썩기 시작하고, 몸속의 기혈이 순환하지 않으면 병이 나듯, 재물과 풍요로움도 흘러야 한다. 부가 넘치면 너그럽게 베풀 줄 알아야 한다. 베풀지 않아 그 기운의 흐름이 막혀버리면 낭패를 당한다.

그와 더불어 마음도 넉넉해야 한다. 부귀하면서도 남에게 너그럽지 않고 각박하면, 그 행동은 가난하고 천한 것이다. 가난한 사람들이 천한 행동을 했을 때보다 몇 배는 더 큰 원한을 사게 된다. 원한은 모든 것을 파괴한다. 부귀함을 오랫동안 유지할 수가 없다.

군자를 대할 때 예절을 갖추어라

待小人 不難於嚴 而難於不惡
대 소 인 불 난 어 엄 이 난 어 불 오
待君子 不難於恭 而難於有禮
대 군 자 불 난 어 공 이 난 어 유 례

소인을 대할 때 엄하게 대하는 것은 어렵지 않지만,

미워하지 않기는 어렵다.

군자를 대할 때 공손하게 대하는 것은 어렵지 않지만,

예절을 갖추기는 어렵다.

행실이 바르지 않고, 마음을 밉게 쓰는 사람을 보면 엄하게 대하기 쉽다. 친밀함을 보이지 않고, 거리를 두며 미워한다. 그를 미워하지 않는 것이 더 어렵다. 하지만 인간에 대한 사랑이라는 관점에서는 소인을 보더라도 그저 미워하는 것이 아니라, 아직 인격이 여물지 않은 것을 안타깝게 생각할 수 있다.

덕행이 뛰어난 군자를 겉치레로 공손하게 대하는 것은 어렵지 않지만, 진심으로 경의를 표하며 예절을 갖추는 것은 어려운 일이다.

먼저 내 마음을 다스려라

降魔者 先降其心 心伏 則群魔退聽
항 마 자 선 항 기 심 심 복 즉 군 마 퇴 청
馭橫者 先馭此氣 氣平 則外橫不侵
어 횡 자 선 어 차 기 기 평 즉 외 횡 불 침

마귀를 굴복시키려면 먼저 자기 마음부터 굴복시켜야 한다.

마음이 복종하면 모든 마가 물러난다.

횡포를 다스리려는 자는 먼저 자기 기운을 다스려야 한다.

기운이 평정되면 외부의 횡포가 침범하지 못한다.

세상은 내 마음을 그대로 비춰주는 거울과 같다.

마귀라는 것이 자연 발생적으로 존재하는 것이 아니다. 마귀는 내 마음이 투영된 존재일 뿐이다. 내가 마음이 비뚤어지면 세상이 그것을 비춰주면서 마가 일어난다. 따라서 내 마음을 다스려야 모든 마를 제거할 수 있다.

횡포를 부리는 사람에게 똑같이 횡포로 대응하면 불에 기름을 붓는 격이다. 남의 횡포를 물리치려면 내 기운을 평온하게 가져야 한다. 그러면 제 풀에 꺾여 잠잠해진다.

편안함에 빠지지 마라

欲路上事 毋樂其便而姑爲染指 一染指 便深入萬仞
욕 로 상 사 무 락 기 편 이 고 위 염 지 일 염 지 편 심 입 만 인
理路上事 毋憚其難而稍爲退步 一退步 便遠隔千山
이 로 상 사 무 탄 기 난 이 초 위 퇴 보 일 퇴 보 편 원 격 천 산

욕망은 그 편안함에 빠져 잠시라도 손가락을 담가 맛보지 말아야 한다.
한번 맛을 알게 되면 만 길 깊은 구렁에 떨어지게 된다.
도리를 행하는 일은 그 어려움을 꺼려 조금이라도 물러서지 말아야 한다.
한 걸음 물러서면 곧 천 개의 산을 사이에 둔 것처럼 멀어지게 된다.

욕망을 따르는 것은 애초에 시작하지 말아야지, 한번 시작하면 한
없이 빠져들게 된다. 욕망을 채우면 편안하고 달콤하기 때문이다. 초
콜릿에 중독된 사람은 초콜릿을 아예 쳐다도 보지 않아야 한다. 일단
조금씩이라도 맛보기 시작하면 걷잡을 수 없게 된다.

　인간 된 도리에 관한 일은 어렵지만 조금이라도 물러섬이 없어야
한다. 바늘도둑이 소도둑이 되는 것처럼 도리에서 한 걸음 물러서기
시작하면 어느새 천 개의 산이 있는 것처럼 멀어져버린다.

한 곳에만 집중하라

學者要收拾精神 幷歸一處
학 자 요 수 습 정 신 병 귀 일 처

배우는 자는 정신을 수습하여 한 곳에 집중해야 한다.

'배움(學)'을 '학문에 정진하는 것'으로 해석해도 좋지만, 삶이 배움이라는 관점에서 보면 '세상을 살아가는 자세'라고도 볼 수 있다.

정신을 집중하지 않으면 그 무엇도 이룰 수 없다. 학문에 정진한다면 그것에만 집중해야지, 명예나 지위에 정신을 분산시키면 큰 깨달음을 얻기 힘들다. 세상을 살아갈 때 일어나는 일을 깨어서 바라보고 경험해야 한다. 그 경험을 통해 무엇을 배우고, 어떻게 성장할지 알아차려야 한다. 그렇지 않으면 시련은 성장을 위한 축복이 아닌, 그저 지겹도록 힘든 경험으로만 남게 된다.

모든 이의 본심에는 자비심이 있다

人人有個大慈悲 維摩屠劊無二心也
인 인 유 개 대 자 비   유 마 도 회 무 이 심 야

사람마다 대자비심을 갖고 있으니,

유마와 백정이 두 마음이 아니다.

유마는 선종에서 보살로 떠받드는 자비심의 표상이다. 짐승을 칼로 해체하는 백정과 자비심의 상징인 유마의 마음은 본래 하나다.

모든 사람의 본래 마음은 다르지 않다. 하지만 각자가 어떤 삶을 선택했느냐에 따라 지상에서 살아가는 모습이 다를 뿐이다. 삶은 각자가 선택한 배역을 연기하는 연극과 같다.

인간의 본래 마음은 대자비심, 즉 사랑이다. 연극에서의 역할에 지나치게 몰입하면 그 사랑에서 멀어지게 된다.

이익을 탐하면 위험에 빠진다

進德修道 要個木石的念頭
진 덕 수 도 요 개 목 석 적 염 두

若一有欣羨 便趨欲境
약 일 유 흔 선 편 추 욕 경

濟世經邦 要段雲水的趣味
제 세 경 방 요 단 운 수 적 취 미

若一有貪着 便墮危機
약 일 유 탐 착 편 타 위 기

덕에 힘쓰고 도를 닦을 때는 목석과 같은 마음으로 해야 한다.

만약 조금이라도 좋아하고 부러워하면 곧 물욕이 있는 곳으로 빠진다.

세상을 구제하고 나라를 경영할 때는 구름과 물 같은 마음을 가져야 한다.

만약 조금이라도 탐내고 집착하면 곧 위기에 빠지게 된다.

도와 덕을 닦는 사람이 사물을 보고 부러워하는 마음을 가지면 보통 사람들보다 더 깊은 나락에 떨어진다. 마치 나무나 돌과 같이 사물에 대해 초연해지지 않으면 안 된다. 탐욕에 사로잡히면 그것을 도덕보다 우선하게 된다.

세상과 나라를 위해 큰일을 할 때는 권력이나 명예 등을 탐내고 집착하는 마음을 가져선 안 된다. 중요한 것을 판단할 때 공공의 선보다 자신의 이익을 우선하면 공동체에 해악을 끼치게 된다.

어두운 곳에서 죄를 짓지 마라

病受於人所不見 必發於人所共見
병 수 어 인 소 불 견   필 발 어 인 소 공 견
故君子 欲無得罪於昭昭 先無得罪於冥冥
고 군 자 욕 무 득 죄 어 소 소   선 무 득 죄 어 명 명

병은 사람이 보지 못하는 곳에서 생겨

모든 사람이 보는 곳에서 드러난다.

그러므로 군자는 밝은 데서 죄를 짓지 않으려면

먼저 어두운 곳에서 죄를 짓지 말아야 한다.

사람의 내장기관과 외부에 드러난 신체 부위는 서로 연결되어 있다. 예를 들어, 간과 눈, 신장과 귀, 심장과 혀는 연결되어 있다. 내장기관이 병들면 외부의 신체기관도 기능에 이상이 생긴다.

사람의 일도 마찬가지다. 이처럼 속에 있는 것, 어두운 것이 결국 겉으로 드러난다. 어떤 사람의 마음은 그의 말이나 행동으로 드러나기 마련이다. 어두운 곳에서 홀로 행하던 습관이 밖으로 드러난다. 어두운 곳에서 죄를 지으면 밝은 곳에서도 죄를 짓기 마련이다.

베푼 것에 대한 보상을 기대하지 마라

我有功於人 不可念 而過則不可不念
아 유 공 어 인 불 가 념 이 과 즉 불 가 불 념
人有恩於我 不可忘 而怨則不可不忘
인 유 은 어 아 불 가 망 이 원 즉 불 가 불 망

내가 남에게 베푼 일은 생각하지 말고
허물이 있다면 생각하지 않을 수 없다.
남이 나에게 베푼 은혜는 잊지 말아야 하지만
원망은 잊지 않을 수 없다.

남에게 베푼 것을 생각하면서 칭찬이나 보상을 기대하는 사람은 구차하다. 보상을 바라면 선한 행동의 좋은 의도까지도 의심받을 수 있다. 그렇지만 남에게 잘못한 것이 있다면 잊지 말아야 한다. 잘못을 고치기 위해서다. 허물을 잊어버리면 고칠 기회를 놓친다.

남이 나에게 베푼 은혜는 반드시 보답해야 한다. 그러니 잊어선 안된다. 하지만 남이 나에게 잘못한 것은 빨리 잊는 것이 좋다. 가슴속에 남을 미워하고 원망하는 마음을 갖고 있으면 자기만 괴롭기 때문이다.

마음 바탕이 깨끗해야 한다

心地乾淨 方可讀書學古
심 지 건 정　방 가 독 서 학 고
不然 見一善行 竊以濟私
불 연　견 일 선 행　절 이 제 사
聞一善言 假以覆短
문 일 선 언　가 이 복 단

마음의 바탕이 깨끗해야 비로소 좋은 글을 읽고 옛것을 배울 수 있다.
그렇지 않으면 선행을 한 번 보고 훔쳐 사사로움을 꾸미고
착한 말을 한 번 들으면 빌려다 자기 단점을 덮는다.

같은 물을 주더라도 포도나무는 맛있는 포도를 만들지만, 독버섯은 독을 품는다. 본바탕에 따라 외부의 자극에 대한 반응과 결과물이 달라진다.

마음이 깨끗한 사람이 좋은 글을 읽으면 성현의 깊은 뜻을 헤아려 자기의 수양에 활용하고, 다른 사람에게도 좋은 영향을 주려고 노력한다. 하지만 마음이 깨끗하지 않은 사람은 보기 좋은 것만 따다가 자기의 사사로운 이익을 위해 이용한다. 실제로 자기의 단점을 개선하지 않으면서 선한 말을 끌어와 단점을 숨기는 데 써먹는 것이다.

부유하면서 부족한 것보다
가난해도 여유 있는 것이 좋다

奢者 富而不足 何如儉者貧而有餘
사 자 부 이 부 족 하 여 검 자 빈 이 유 여

能者 勞而府怨 何如拙者逸而全眞
능 자 노 이 부 원 하 여 졸 자 일 이 전 진

사치를 즐기는 사람은 부유해도 만족하지 못하니,

어찌 검소한 사람이 가난해도 여유 있게 사는 것과 같겠는가?

재능이 있는 사람은 노력해도 원망을 받으니,

어찌 서툰 사람이 편히 지내며 온전히 참된 것만 같겠는가?

사치스러운 사람의 마음은 만족할 수 없다. 아무리 부유해도 그 부유함 이상으로 탐욕이 계속해서 커지기 때문이다. 탐욕은 그 무엇으로도 채울 수 없다. 가난하더라도 검소하다면 오히려 여유 있다. 마음이 이미 충만하기에 물질로 채울 필요가 없기 때문이다.

재능이 있더라도 항상 쫓기는 마음으로 성과만을 추구하면서 덕을 쌓지 않으면, 노력해서 좋은 성과를 내더라도 남의 원망을 산다. 조금 부족한 사람이 자기 본모습을 잃지 않고 편히 지내는 것만 못하다.

배운 것을 실천해야 참된 지식이다

讀書 不見聖賢 如鉛槧傭
독서 불견성현 여연참용
講學 不尙躬行 如口頭禪
강학 불상궁행 여구두선

글을 읽어도 성현을 보지 못한다면
붓과 종이에게 품을 파는 것과 같고,
학문을 연구해도 몸소 실천하지 않으면
말로만 거창하게 떠드는 일과 같다.

글을 읽을 때는 그 참된 의미를 깨달아 성현들의 정신 경계에 닿을
수 있도록 해야 한다. 그렇지 않고 수박 겉핥기식으로 눈이 글자 위
를 달리기만 하거나, 아무 생각 없이 글을 종이에 옮겨 쓰기만 하면,
글을 읽고 쓰는 것이 시간 낭비가 된다. 학문을 이루기 위한 수단에
불과한 붓과 종이의 노예가 되는 것이다.

학문을 연구하여 깨달음을 얻었다면 반드시 실천해야 한다. 깨달
은 것을 실천하지 못하고 입으로만 떠든다면 진정한 지식이 아니다.

참된 배움은 본래 마음속에 있다

人心有一部眞文章 都被殘編斷簡封錮了
인 심 유 일 부 진 문 장　도 피 잔 편 단 간 봉 고 료

有一部眞鼓吹 都被妖歌艶舞湮沒了
유 일 부 진 고 취　도 피 요 가 염 무 인 몰 료

學者須掃除外物 直覓本來 纔有個眞受用
학 자 수 소 제 외 물　직 멱 본 래　재 유 개 진 수 용

마음 한편에 참 문장이 있지만 남은 옛 쓸모 없는 글 때문에 막혀버린다.

마음 한편에 참 풍류가 있지만 요상한 노래와 춤 때문에 사라져버린다.

배우는 자는 모름지기 외부 사물을 쓸어버리고,

근본을 곧바로 찾아가야 비로소 참된 배움이 있을 것이다.

사람의 본래 마음 속에는 진정한 깨달음과 신묘한 곡조가 들어 있다. 참된 문장과 풍류는 내 안에 있다. 사람들은 깨달음을 외부에서 구한다. 이미 죽어버린 진리를 뒤적거리며 옛글에서 무엇인가를 얻으려 한다. 그러는 동안 오히려 자기 안에 있는 참 진리, 참된 문장과 멀어진다. 정신을 혼란스럽게 하는 요염한 노래와 춤으로 내면의 깊은 곡조를 잃어버린다.

근본은 내면이다. 내면을 곧바로 찾아가야 참된 배움이 있는 것이다.

도덕으로 얻은 부귀와 명예가 오래간다

富貴名譽 自道德來者 如山林中花 自是舒徐繁衍
부 귀 명 예 자 도 덕 래 자 여 산 림 중 화 자 시 서 서 번 연
自功業來者 如盆檻中花 便有遷徙廢興
자 공 업 래 자 여 분 함 중 화 편 유 천 사 폐 흥
若以權力得者 如瓶鉢中花 其根不植 其萎可立而待矣
약 이 권 력 득 자 여 병 발 중 화 기 근 불 식 기 위 가 립 이 대 의

도덕으로 얻은 부귀와 명예는 숲속 꽃과 같이 천천히 자라나 번성하고,

공을 이루어 얻은 부귀와 명예는

화분 속 꽃과 같이 옮겨놓으면 시들어버린다.

권력으로 얻은 부귀와 명예는

꽃병 속 꽃과 같이 뿌리가 내리지 못하고 시들기를 기다린다.

　　부귀와 명예는 그 뿌리에 따라 생명력이 결정된다. 도와 덕을 근본으로 얻은 부귀와 명예는 모두의 인정을 받은 것이므로 그 생명력이 가장 길다. 하지만 자신의 업적만으로 얻은 부귀와 명예는 생명력이 길지 않다. 업적이 희미해지고 사라지면 자연스레 함께 시들시들해진다. 권력으로 얻은 부귀와 명예는 생명력이 가장 짧다. 권력은 한순간에도 잃을 수 있기 때문이다. 그러니 무엇보다 도와 덕 닦기에 힘을 써야 할 것이다.

권력에 아부해 영원히 처량해지지 말라

棲守道德者 寂寞一時 依阿權勢者 凄凉萬古
서 수 도 덕 자 적 막 일 시 의 아 권 세 자 처 량 만 고
達人觀物外之物 思身後之身
달 인 관 물 외 지 물 사 신 후 지 신
寧受一時之寂寞 毋取萬古之凄凉
영 수 일 시 지 적 막 무 취 만 고 지 처 량

도덕을 지키며 사는 사람은 한때 적막하지만
권세에 의존하고 아부하는 사람은 영원히 처량하다.
도에 통달한 사람은 세상 밖의 세상을 보고 죽은 뒤의 제 몸을 생각한다.
한때의 적막을 받아들일지언정 영원히 처량해지는 것을 취하지 않는다.

양심과 도덕을 지키다 보면 시기와 질투를 받고, 경제적으로도 빈곤해질 수 있다. 홀로 된 적막함도 견뎌야 한다. 하지만 높은 덕은 언젠가 빛을 발하고, 향기 있는 이름을 남겨 오랫동안 칭송을 받는다.

권세에 의존하고 아부하면 세속의 부귀와 권력을 얻을 수 있다. 떵떵거리면서 살 수 있고, 경제적으로도 여유가 있다. 주변에는 자신과 비슷하게 아부하는 무리들이 항상 대기하고 있어 기분도 좋다. 하지만 도덕적이지 않은 방법으로 얻은 권세는 훗날, 사람들의 비웃음거리가 된다. 영원히 처량한 신세가 되는 것이다.

사람의 도리를 다하라

春至時和 花尙鋪一段好色 鳥且囀幾句好音
춘 지 시 화　화 상 포 일 단 호 색　조 차 전 기 구 호 음
士君子幸列頭角 復遇溫飽 不思立好言行好事
사 군 자 행 렬 두 각　부 우 온 포　불 사 립 호 언 행 호 사
雖是在世百年 恰似未生一日
수 시 재 세 백 년　흡 사 미 생 일 일

봄이 오고 날씨가 따뜻해지면
꽃은 더욱 좋은 빛을 펼치고 새 또한 아름다운 소리로 노래한다.
인격이 높은 군자가 다행히 두각을 나타내고
게다가 따뜻하고 배부르게 지내면서
좋은 언행과 좋은 일을 할 생각을 하지 않으면
비록 그렇게 백 년을 산다 하더라도 하루도 제대로 살지 못한 것과 같다.

　자신의 덕과 재주를 인정받아 인생의 봄날이 온다면, 부귀영화를
누릴 생각만 해서는 안 된다. 무엇 하나라도 세상에 도움이 되는 말
과 행동을 해야 한다. 명성에 걸맞은 도리를 다하고 다른 사람들의
귀감이 되어야 부끄러움이 없을 것이다. 한때 가난한 자의 편에 서서
싸우던 사람들이 부와 권력을 얻고 나서 그것을 지키고 즐기는 것에
만 빠지는 모습을 보면 쓸쓸하다.

진짜는 조용히 강하다

眞廉無廉名 立名者正所以爲貪
진 렴 무 염 명 입 명 자 정 소 이 위 탐
大巧無巧術 用術者乃所以爲拙
대 교 무 교 술 용 술 자 내 소 이 위 졸

정말 청렴한 사람에게는 청렴하다는 명성이 없다.

그런 명성이 있는 것은 바로 탐하는 마음이 있기 때문이다.

큰 솜씨에는 화려한 기술이 없다.

기술을 쓰는 것은 재주가 변변치 못하기 때문이다.

진짜 청렴한 사람은 청렴하다는 명성 자체를 껄끄러워한다. 명성에 신경 쓰는 것은 명성을 탐내는 마음이 있어서다. 자신의 청렴함이 알려지기를 바라고 신경 쓰는 사람은 진짜 인격자라고 할 수 없다.

진짜 솜씨가 뛰어난 사람은 남들의 눈을 현혹하는 화려한 기술을 뽐내지 않는다. 그런 기술이 없어도 충분히 자기 일을 묵묵히 해낼 수 있기 때문이다. 남들의 눈에 들기 위해 쓸데없는 재주를 부리는 자는 진짜 실력자가 아니다.

언제나 '진짜'는 본질에 힘쓸 뿐이다.

마음이 밝아야 한다

心體光明 暗室中有靑天
심 체 광 명 암 실 중 유 청 천
念頭暗昧 白日下有厲鬼
염 두 암 매 백 일 하 유 여 귀

마음이 밝으면 어두운 방 안에도 푸른 하늘이 있고,
생각이 어둡고 어리석으면 밝은 대낮에도 사나운 귀신이 나온다.

모든 것은 마음에 달려 있다.

마음이 바르고 당당하다면 어두운 방 안에서도 밝고 푸른 하늘을
보는 것과 같이 마음이 환하다. 주변 환경에 마음을 빼앗기지 않고,
항상 충만하다. 자기의 리듬대로 살아가는 것이다.

생각이 어둡고 어리석은 사람은 모든 것을 의심하고, 두려워한다.
환한 대낮에도 음습한 지하동굴에서 사나운 귀신을 만나는 것과 같
다.

선함이 악의 뿌리가 되지 않으려면

爲惡而畏人知 惡中猶有善路
위 악 이 외 인 지 악 중 유 유 선 로
爲善而急人知 善處卽是惡根
위 선 이 급 인 지 선 처 즉 시 악 근

악을 행하고 사람들이 알까 두려워하는 것은
악함 속에 오히려 선의 길이 있는 것이다.
선을 행하고 사람들에게 알리려 급급하는 것은
선함이 곧 악의 뿌리가 되는 것이다.

악한 일을 하고 나서 다른 사람들에게 알려질까 두려워하는 사람은 그래도 희망이 있다. 나쁜 행동이 남에게 알려지는 것을 수치스러워한다는 것은 양심이 아직 살아 있다는 것이기 때문이다. 선한 일을 하고 다른 사람에게 알리려는 사람은 명예욕에 사로잡힌 것이다. 비록 착한 일을 했다고 하더라도 나중에라도 악을 행할 가능성이 크다.

한번 선을 행하고 악을 행한 것이 중요한 것이 아니라, 어떤 마음을 갖고 있느냐가 더 중요하다.

편안한 곳에서 위기를 생각하라

天之機緘不測 抑而伸 伸而抑 皆是播弄英雄 顛倒豪傑處
천 지 기 함 불 측   억 이 신   신 이 억   개 시 파 롱 영 웅   전 도 호 걸 처
君子只是逆來順受 居安思危 天亦無所用其伎倆矣
군 자 지 시 역 래 순 수   거 안 사 위   천 역 무 소 용 기 기 량 의

하늘의 조화는 측량할 수 없다.

억누르기도 하고 펼치게도 하며, 펼치게 했다가도 억누르기도 하니

영웅이 희롱당하고 호걸이 거꾸러진 것이 모두 여기에 있다.

군자는 곤경에 처하면 순순히 받아들이고, 편안한 곳에서 위기를 생각하니

하늘도 그 기량을 군자 앞에서는 쓰지 못한다.

운명은 장난을 좋아한다. 비천한 사람의 운을 펼쳐서 부귀와 권력을 누리게도 하고, 갑자기 운을 억눌러 나락으로 떨어지게도 한다. 영웅호걸은 배포와 기개가 커서 불운이 올 때는 순응하지 못하고, 뚫고 나아가려고 발버둥친다. 운이 좋을 때는 신중하지 못하고 야심을 크게 이루려고만 한다. 그러다가 운명의 발길질에 넘어지기 쉽다.

군자는 역경을 감내하고, 편안할 때 위기를 대비하여 운명에 희롱당하지 않는다. 운명에 순응하되, 항상 다른 상황을 대비하는 현명함 때문에 운명도 군자를 크게 흔들지 못한다.

베풀어야 복이 온다

福不可徼 養喜神 以爲招福之本
복 불 가 요 양 희 신 이 위 초 복 지 본
禍不可避 去殺機 以爲遠禍之方
화 불 가 피 거 살 기 이 위 원 화 지 방

복은 구할 수 없는 것이니,
베풀 줄 아는 정신을 기르는 것을 복을 부르는 근본으로 삼아야 한다.
화는 피할 수 없는 것이니,
살생의 계기를 제거하는 것을 화를 멀리하는 방편으로 삼아야 한다.

복을 달라고 아무리 기도해도 구할 수 없다. 복을 받을 만한 행동을 하지 않았기 때문이다. 복을 받으려면 먼저 베풀 줄 알아야 한다. 내가 남에게 베푸는 것이 원인이 되어 결과적으로 복을 얻을 수 있는 것이다.

화를 피하려고 아무리 발버둥 쳐도 이미 내가 저지른 일에 대한 결과로 일어날 일은 일어날 수밖에 없다. 지금부터라도 다른 사람을 해치려는 마음을 없앤다면 화에서 벗어날 수 있는 길이 열린다.

온화한 사람이 큰 복을 받는다

天地之氣 暖則生 寒則殺
천 지 지 기 난 즉 생 한 즉 살
故性氣淸冷者 受享亦凉薄
고 성 기 청 랭 자 수 향 역 양 박
唯氣和心暖之人 其福亦厚 其澤亦長
유 기 화 심 난 지 인 기 복 역 후 기 택 역 장

천지의 기운이 따뜻하면 생명이 살고 차가우면 죽듯이,

성품과 기운이 차가운 사람은 받아 누리는 복도 많지 않다.

오직 기운이 온화하고 마음이 따뜻한 사람만이

받는 복도 후하고 혜택도 오래간다.

생명의 본성은 따뜻함이다. 따뜻함이 있어야 생명이 살아갈 수 있다. 봄에는 만물이 깨어나 생명력을 뽐내지만, 겨울에는 겨우 생명력만 보존하고 버티는 것처럼 생명은 따스함을 따라간다.

싸늘하다는 것은 죽음의 신호다. 기운이 냉랭하고 쌀쌀한 사람은 복을 받기 힘들다. 복은 사람의 마음을 따라 내리는 것인데 마음이 차가우니 길이 막힌다. 복은 따뜻한 마음에 깃든다. 성품과 기운이 따뜻하다는 것은 자신과 남을 포용하고 사랑하는 마음이 큰 것이다. 사랑하는 마음에 복이 깃든다.

천리를 따라야 가슴속이 넓고 밝아진다

天理路上甚寬 稍遊心 胸中便覺廣大宏朗
천 리 로 상 심 관 초 유 심 흉 중 편 각 광 대 굉 랑
人欲路上甚窄 纔寄跡 眼前俱是荊棘泥塗
인 욕 로 상 심 착 재 기 적 안 전 구 시 형 극 니 도

천리의 길은 매우 넓어서 마음을 조금 놀게 해도

가슴속이 넓고 밝아지는 것을 깨닫게 된다.

인간이 가진 욕심의 길은 매우 좁아서 조금만 발을 들여놓아도

눈앞이 모두 가시밭길이고 진흙탕이다.

모든 일은 욕심을 따르지 말고 순리를 따라야 한다.

천리는 본래의 그러한 이치, 자연의 이치를 말한다. 천리를 따르면
마음이 편안하다. 배가 고프면 밥을 먹고, 졸리면 잠을 잔다. 필요한
만큼의 물질에 만족하고, 스스로 자족하는 길이다. 가슴속이 텅빈 듯
넓고 시원하다.

인간적인 욕심을 따르면 그 길은 가시밭길이다. 무엇을 얻으면
얻는 대로 근심이 생기고, 얻지 못하면 얻지 못하는 대로 근심이 생
긴다.

괴로움에 단련된 뒤 얻은 복이 오래간다

一苦一樂相磨練 練極而成福者 其福始久
일 고 일 락 상 마 련　연 극 이 성 복 자　기 복 시 구
一疑一信相參勘 勘極而成知者 其知始眞
일 의 일 신 상 참 감　감 극 이 성 지 자　기 지 시 진

한 번의 괴로움과 한 번의 즐거움이 서로 연마하여

지극하게 단련된 후에 복을 이루면 그 복이 오래가고,

의심과 믿음이 서로 고려하여

지극하게 고려한 후에 앎을 이루면 그 앎은 진실하다.

　복은 화분에 준 물과 같이 밑으로 새어 나가기 때문에 뿌리가 튼실해야 흘러내리지 않게 붙잡을 수 있다. 갑자기 복권에 당첨된 사람이 부를 유지하면서 행복하게 살기는 쉽지 않다. 부를 어떻게 유지하고 관리해야 하는지 잘 알지 못하기 때문이다. 괴로운 일과 즐거운 일을 고루 겪으면서 내면이 단단해진 뒤에 얻는 복이 오래간다.

　지식은 치열하게 고민한 후에 얻은 것이라야 참된 것이다. 남의 것을 그대로 가져다 쓰거나, 고민 없이 받아들이면 그 앎은 자기도 변화시키지 못하고, 남들에게도 확신을 줄 수 없다.

타인에게 관대한 마음을 가져야 한다

地之穢者多生物 水之淸者常無魚
지 지 예 자 다 생 물   수 지 청 자 상 무 어
故君子當存含垢納汚之量
고 군 자 당 존 함 구 납 오 지 량
不可持好潔獨行之操
불 가 지 호 결 독 행 지 조

더러운 땅에 생물이 많고 맑은 물에는 항상 물고기가 없다.

군자는 마땅히 더러움을 품고 오염을 받아들이는 도량을 가져야지,

깨끗함을 좋아하고 홀로 행동하는 지조만 붙잡고 있으면 안 된다.

연못이 조금 더러워야 먹을거리가 풍부해 다양한 생물이 살아갈 수 있다. 지나치게 맑은 물에는 살 수 있는 생물이 얼마 되지 않는다. 땅도 마찬가지다. 낙엽도, 곤충이나 동물도 죽고 썩은 뒤에 섞여야 영양분이 풍부하다. 깔끔하게 모래만 가득한 땅에는 자랄 수 있는 식물도 얼마 되지 않는다.

　사람도 이처럼 관대한 마음을 갖고 타인을 받아들일 수 있어야 인망을 얻는다. 지나치게 고결하여 홀로 우뚝 선 사람에게는 쉽게 다가가기 힘들다.

탐욕은 인격을 망친다

人只一念貪私
인 지 일 념 탐 사

便銷剛爲柔 塞智爲昏 變恩爲慘 染潔爲汚
편 소 강 위 유 색 지 위 혼 변 은 위 참 염 결 위 오

壞了一生人品
괴 료 일 생 인 품

故古人以不貪爲寶 所以度越一世
고 고 인 이 불 탐 위 보 소 이 도 월 일 세

사람이 오로지 사욕만을 탐하면

강직함이 녹아내려 유약해지고, 지혜가 막혀 어두워지고,

은혜를 원수로 만들고, 깨끗함이 오염되어 일생의 인품이 무너진다.

그러므로 옛사람은 탐하지 않는 마음을 보배로 삼아 일생을 살아갔다.

사람이 사욕에만 사로잡히면 본성에서 멀어진다. 본성에서 멀어지면서 인간답지 않고 부자연스러운 행동을 하게 된다. 본래의 강직함도 이익 앞에서 녹아내리고, 명철한 지혜도 막혀 어두워진다. 욕심 때문에 은혜가 원수가 되고, 본래의 성품도 무너져 내린다.

오늘날 많은 사람이 탐욕을 부추기고 마음을 불안하게 한다. 이런 유혹에 흔들리지 말고 마음을 지키며 일생을 살아가야 할 것이다.

마음의 중심을 굳게 잡아라

耳目見聞爲外賊 情欲意識爲內賊
이 목 견 문 위 외 적　정 욕 의 식 위 내 적

只是主人公 惺惺不昧
지 시 주 인 공　성 성 불 매

獨坐中堂 賊便化爲家人矣
독 좌 중 당　적 편 화 위 가 인 의

눈으로 보고 귀로 듣는 것은 외부의 도적이 되고,

감정, 욕망과 의식은 내부의 도적이 된다.

그러나 주인공이 경계하여 깨달아 어둡지 않고,

홀로 중심에 굳게 자리 잡고 앉으면 도적도 집안사람이 된다.

마음이 깨어 있지 않을 때 오감으로 체험하는 모든 것이 마음을 흔들어대니 도적과 같다. 사건에 대한 감정이나 무엇인가를 탐하는 욕심이 내부에서 마음을 흔들어대니 마찬가지로 도적과 같다. 마음의 중심이 무너져버리면 항상 흔들리고 불안하다.

하지만 깨어 있는 정신으로 내 안의 본성을 굳게 지키면, 세상의 모든 자극과 동요에 휘둘리지 않고 오히려 태연하게 바라볼 수 있다. 자극과 동요가 더 이상 마음을 흔드는 도적이 아니라 내 마음속에 거처하는 집안사람과 같이 된다.

무엇이든 지나친 것은 좋지 않다

氣象要高曠 而不可疎狂 心思要愼細 而不可瑣屑
기 상 요 고 광 이 불 가 소 광 심 사 요 신 세 이 불 가 쇄 설
趣味要沖淡 而不可偏枯 操守要嚴明 而不可激烈
취 미 요 충 담 이 불 가 편 고 조 수 요 엄 명 이 불 가 격 렬

기상은 높고 넓어야 하지만, 지나치게 산만하면 안 된다.

마음의 뜻은 신중하고 세밀해야 하지만, 사소한 일에 집착하지 말아야 한다.

취미는 맑고 담박해야 하지만, 지나치게 건조하지 말아야 한다.

지조를 지키는 것은 엄격하고 명백해야 하지만, 지나치게 격렬하지 않아야
한다.

무엇이든 극단으로 치우치고 지나치면 좋지 않다.

높은 기상을 가지더라도 지나치게 기운이 외부로 쏠려 산만하면
안 된다. 신중하고 세밀한 것은 좋지만, 자질구레한 일에까지 지나치
게 마음 쓰면 좋지 않다. 맑고 담박한 취미를 가지는 것은 좋지만, 사
람들과 함께 어울릴 수 있는 여유는 남겨두어야 한다. 지조를 잘 지
켜 의리가 있어야 하지만, 지나치게 과격하면 사람들이 꺼린다.

일에 대응하고 다시 본심으로 돌아온다

風來疎竹 風過而竹不留聲
풍 래 소 죽 풍 과 이 죽 불 류 성
雁度寒潭 雁去而潭不留影
안 도 한 담 안 거 이 담 불 류 영
故君子 事來而心始現 事去而心隨空
고 군 자 사 래 이 심 시 현 사 거 이 심 수 공

성긴 대밭에 바람이 불어와도 바람이 지나간 대밭에 소리가 머물지 않는다.
기러기가 차가운 연못을 건너가도 그 그림자가 머물지 않는다. 군자는 일이
생기면 마음이 비로소 나타나고 일이 끝나면 마음도 따라서 빈다.

마음을 쓰고 나면 그 마음을 흘려보내야 한다.

대밭에 바람이 불면 사각사각 소리가 요란하지만, 바람이 지나가
고 난 뒤에는 고요하다. 소리는 머물지 않고 흘러가버리는 것이다.
기러기 떼가 연못 위를 날아가면 어지러이 그림자가 생기지만, 기러
기가 날아가버리면 그림자는 더 이상 남지 않는다.

마음도 이처럼 일을 처리할 때 잘 써서 대응하고, 일이 끝난 후에
는 텅 비워야 한다. 계속 마음속에 무엇인가를 걸어두면 음식을 먹다
가 체한 것과 같이 불편하다.

균형감각을 가지면 아름답다

清能有容 仁能善斷 明不傷察 直不過矯
청능유용 인능선단 명불상찰 직불과교
是謂蜜餞不甛 海味不鹹 纔是懿德
시위밀전불첨 해미불함 재시의덕

청렴하면서 능히 잘 포용하고, 어질면서 능히 결단을 잘 내리고,
사리에 밝으면서 지나치게 살피지 않고, 곧으면서 지나치게 바로잡지 않으
면, 꿀범벅이 너무 달지 않고, 해산물이 너무 짜지 않은 것처럼,
이것이야말로 아름다운 덕이다.

달기만 한 꿀범벅이나 본래 짠맛의 해산물은 다른 재료와 적절하
게 섞어서 맛의 조화를 이루면 된다. 자기 색깔만 드러내지 않고 다
른 것을 수용하면 균형 있는 맛을 낼 수 있다.

사람의 성정도 이와 마찬가지로 반대의 것을 수용하면 완벽해진
다. 청렴하기만 하면 다른 사람을 포용하는 아량이 부족할 수 있다.
어진 사람은 결단을 내리지 못하고 주저하는 경우가 많다. 사리에 밝
으면 하나하나 지나치게 따진다. 곧은 사람은 완고하게 다른 이의 잘
못을 바로잡으려 한다. 하지만 각자의 단점을 고쳐 균형감각을 가지
면 아름다운 덕을 이룰 수 있다.

어떤 상황에서도 기품을 잃지 않아야 한다

貧家淨掃地 貧女淨梳頭
빈 가 정 소 지 빈 녀 정 소 두
景色雖不艶麗 氣度自是風雅
경 색 수 불 염 려 기 도 자 시 풍 아
士君子 當窮愁蓼落 奈何輒自廢弛哉
사 군 자 당 궁 수 요 락 내 하 첩 자 폐 이 제

가난한 집에서 깨끗하게 마당을 쓸고, 가난한 여인이 머리를 곱게 빗으면,
겉모습이 비록 예쁘고 아름답지 않더라도 기품이 저절로 우아할 것이다.
군자가 궁색하고 근심스러운 처지에 있더라도 어찌 스스로 피폐하고 해이
해질 수 있겠는가?

아무리 어려운 상황에 이르러도 항상 희망과 기품을 잃지 말아야
한다. 비록 가난하더라도 집안이 가지런히 정돈되어 있고, 몸가짐이
단정하다면 좋은 운이 깃들 수 있다.

삶은 행운과 불운의 연속이다. 일시적으로 불행한 운명에 처했다
고 해서 스스로 무너지고 피폐해진다면 행운이 올 여지는 줄어든다.
흐트러진 정신과 몸가짐에 좋은 운이 깃들기는 어렵다. 비록 곤궁하
더라도 자포자기하지 않고 좋은 운을 기다리며 준비한다면, 새로운
기회를 잡을 수 있다.

미리 대비하면 허둥대지 않는다

閒中不放過 忙中有受用
한 중 불 방 과　망 중 유 수 용
靜中不落空 動中有受用
정 중 불 락 공　동 중 유 수 용
暗中不欺隱 明中有受用
암 중 불 기 은　명 중 유 수 용

한가할 때 시간을 헛되이 보내지 않으면 바쁠 때 쓰임이 있고,
고요할 때 공허함에 빠지지 않으면 활동할 때 쓰임이 있으며,
어두울 때 속이고 감춤이 없으면 밝을 때 쓰임이 있다.

한가한 시간은 바쁜 시간과 바쁜 시간 사이에 찾아온다. 이때 분주한 시기를 잘 대비하면 허둥대지 않고 대응할 수 있다. 봄, 여름, 가을에 만물이 태어나 자란 뒤에 열매를 맺더라도 겨울에 쉬지 않으면 다음 봄을 대비할 수 없듯이, 휴식 자체도 하나의 과정이다. 이 시간을 헛되이 보내면 정작 봄이 왔을 때 싹을 틔울 수 없다.

마찬가지로 고요할 때도 감각을 마비 상태로 두지 말고 활동을 대비해야 하고, 남이 보지 않을 때도 떳떳하게 행동해야 다른 사람 앞에서도 당당할 수 있다.

잘못된 생각이 들면
바로 마음을 돌려야 한다

念頭起處 纔覺向欲路上去 便挽從理路上來
염두기처 재각향욕로상거 편만종이로상래

一起便覺 一覺便轉
일기편각 일각편전

此是轉禍爲福 起死回生的關頭 切莫輕易放過
차시전화위복 기사회생적관두 절막경이방과

생각이 일어난 곳에서 욕망의 길을 향해 가고 있다는 것을 깨달으면

곧바로 돌이켜 바른길을 따라 돌아오게 한다.

한 번 생각이 들 때 곧 깨닫고, 한 번 깨달으면 곧 바꾸어야 한다.

이것이 전화위복, 기사회생의 핵심 열쇠이니 절대 가볍게 넘기지 말 것이다.

한 걸음 떨어져서 자신을 객관적으로 바라보도록 노력해야 한다. 그래야 하나의 생각이 일어났을 때 그것이 흐르는 방향을 성찰하여 바로잡을 수 있다. 만약 생각이 삿된 욕망을 향해 있다면, 곧바로 방향을 돌려 제자리로 돌아오게 해야 한다. 그렇게 하지 않으면 생각이 고삐 풀린 망아지처럼 제멋대로 뛰어다니며 욕망의 노예가 되기 쉽다.

항상 생각이 일어나는 곳을 가볍게 여기지 말고 잘 살펴야 할 것이다.

노력하면 하늘도 나를 어쩔 수 없다

天薄我以福 吾厚吾德以迓之
천 박 아 이 복   오 후 오 덕 이 아 지
天勞我以形 吾逸吾心以補之
천 노 아 이 형   오 일 오 심 이 보 지
天阨我以遇 吾亨吾道以通之 天且奈我何哉
천 액 아 이 우   오 형 오 도 이 통 지   천 차 내 아 하 재

하늘이 나에게 복을 박하게 주면 나는 덕을 두텁게 하여 그것을 맞아들이고,
하늘이 내 육체를 수고롭게 하면 나는 마음을 편안하게 하여 육체를 돕는다.
하늘이 나에게 고난을 내리면
나는 도를 형통하여 통하게 하니, 하늘이 나를 어찌하겠는가?

불행한 일이 닥쳤을 때 가만히 앉아서 운명을 탓하고, 조상을 탓하고, 주변 사람을 탓해도 얻을 수 있는 것은 아무것도 없다. 일어날 일은 그저 일어날 뿐이다. 닥쳐오는 운명을 받아들이고 그 안에서 할 일을 찾아야 한다.

나에게 주어지는 복이 박하다면 덕 닦기에 힘써 복을 끌어당겨야 한다. 고난이 닥쳐오면 요령을 부리거나 피하려 하지 말고, 근본을 바로잡아 어려움을 헤쳐 나가면 길이 보인다.

주어지는 조건에 좌절하지 않는 사람에게는 하늘도 어쩌지 못한다.

실수는 바로잡으면 된다

聲妓晚景從良 一世之烟花無碍
성 기 만 경 종 량 일 세 지 연 화 무 애
貞婦白頭失守 半生之淸苦俱非
정 부 백 두 실 수 반 생 지 청 고 구 비
語云 看人只看後半截 眞名言也
어 운 간 인 지 간 후 반 절 진 명 언 야

노래하는 기생이라도 나이 들어 남편을 따르면
평생의 기생경험도 장애가 되지 않으며,
정숙한 부인이라도 나이 들어 정조를 지키지 못하면
반평생의 깨끗했던 절개를 모두 그르친다.
옛말에 '사람을 볼 때는 다만 후반생만을 본다' 했으니 참으로 명언이다.

몸과 마음이 성숙하지 못한 시절에는 누구나 실수할 수 있다. 하지만 한 번 잘못된 길을 갔다고 해서 이번 생을 그대로 끝내야 할 것은 아니다. 우리 삶에는 항상 자유의지와 선택의 기회가 있기 때문이다.

인생의 전반부는 좌충우돌, 시행착오의 시기라 실수할 수 있다. 과거의 허물은 크게 책임을 따져 물을 것은 아니다. 미숙한 시절에 저지른 실수는 바로잡으면 된다. 하지만 인생 후반부에 내리는 중요한 결정에 대해서는 각자의 책임을 피할 수 없다.

지위보다 중요한 것은 행동이다

平民肯種德施惠 便是無位的卿相
평 민 긍 종 덕 시 혜 편 시 무 위 적 경 상
士夫徒貪權市寵 竟成有爵的乞人
사 부 도 탐 권 시 총 경 성 유 작 적 걸 인

평민이라도 기꺼이 덕을 펴고 은혜를 베풀면
그는 지위 없는 재상이라 할 수 있고,
사대부라도 단지 권력을 탐하고 특혜를 팔면
마침내 벼슬자리에 있는 거지가 될 것이다.

사회적으로 존경받는 지위에 있는 사람이라면 마땅히 그 지위에
걸맞은 행동을 해야 한다. 꼭 법으로 정해놓지 않더라도 평범한 사람
들이 그들에게 기대하는 최소한의 역할을 해야 한다. 그것이 '노블리
스 오블리주(Noblesse Oblige, 높은 사회적 신분에 상응하는 도덕적 의무)'다.
만약 사회적인 지위를 등에 업고 개인적인 이익을 취하거나 잔머리
를 써서 자기 몸의 안위만을 꾀한다면 그 누구에게도 존경받지 못하
고 아무런 쓸모없는 사람이 되고 만다.

반대로 평범한 사람이라도 높은 지위에 있는 사람들이 할 법한 행
동을 하면, 지위는 없지만 실제로는 존경받을 만하다.

위선적인 지식인이 되지 마라

君子而詐善 無異小人之肆惡
군 자 이 사 선 　 무 이 소 인 지 사 악
君子而改節 不若小人之自新
군 자 이 개 절 　 불 약 소 인 지 자 신

군자가 선한 척 꾸미는 것은

소인이 제멋대로 악을 행하는 것과 다름이 없고,

군자가 절개를 지키지 않는 것은

소인이 스스로 새로워지는 것만 못하다.

사람들에게 존경받고 사표(師表)가 될 만한 사람이, 실제로는 선하지 않으면서 그럴듯하게 꾸며대며 사람들을 속이는 경우가 있다. 이 것은 범죄자와 같이 남들에게 손가락질을 받는 사람이 마구잡이로 악을 행하는 것과 다름이 없다. 범죄자는 몇몇 사람들에게 피해를 주지만 지식인의 위선과 기만은 사회 전체에 해악을 끼친다.

지조를 지키던 지식인이 하루아침에 절개를 잃어버리면 그를 본받던 사람들에게 충격을 준다. 부도덕한 사람이 마음을 바꿔 새사람이 됨으로써 주변 사람들을 감화시키는 것만 못하다.

남의 허물을 고치는 법

家人有過 不宜暴揚 不宜輕棄
가 인 유 과 불 의 폭 양 불 의 경 기
此事難言 借他事而隱諷之
차 사 난 언 차 타 사 이 은 풍 지
今日不悟 俟來日 正警之
금 일 불 오 사 내 일 정 경 지
如春風之解凍 和氣之消氷 纔是家庭的型範
여 춘 풍 지 해 동 화 기 지 소 빙 재 시 가 정 적 형 범

집안사람에게 허물이 있으면 조급히 드러내지 말되, 경솔히 버려두지 말라.
말하기 어려우면 다른 일에 빗대어 은연중에 깨닫게 할 것이요,
오늘 깨닫지 못하면 내일을 기다려 바로 깨우치도록 해야 한다.
이렇게 봄바람이 언 땅을 녹이고 따뜻한 기운이 얼음을 녹이듯 해야
가정의 모범이 된다.

사람은 감정의 동물이기 때문에 잘못을 지적하는 말이 아무리 이
치에 맞아도 기분이 좋을 수 없다. 감정이 상하니 인정하지 않고 변
명을 늘어놓는다. 하지만 상대의 감정이 상할까봐 허물을 지적하지
않는 것도 문제다. 남의 허물을 고칠 때는 따뜻한 봄기운이 언 땅을
녹이듯 인내심을 갖고 은연중에 깨닫게 해야 한다.

세상은 내 마음을 비추는 거울이다

此心常看得圓滿 天下自無缺陷之世界
차 심 상 간 득 원 만 천 하 자 무 결 함 지 세 계
此心常放得寬平 天下自無險側之人情
차 심 상 방 득 관 평 천 하 자 무 험 측 지 인 정

내 마음이 항상 원만하게 세상을 바라보면
천하의 결함이 스스로 사라진다.
내 마음이 항상 너그럽고 화평하면
세상에 험악한 인정이 스스로 사라질 것이다.

아침에 집을 나서는데 비가 온다면 좋은 일일까? 나쁜 일일까? 비가 오는 사건 그 자체는 좋은 것도, 나쁜 것도 아니다. 내 마음 상태에 따라 좋고 나쁨이 달라진다. 내 마음이 넉넉하면 하루의 시작을 비와 함께 하는 것이 낭만적이고 즐거운 일이다. 하지만 마음이 조급하고 불만으로 가득 차 있다면 아침부터 재수 없게 비가 오는 것이다.

내 마음이 항상 원만하고 너그러우면 세상 또한 원만하고 너그럽다. 내 마음이 각박하고 편협하면 세상은 그 마음을 그대로 비춰줄 뿐이다.

본성을 잃지 않으면서도 갈등을 피하라

淡泊之士 必爲濃艶者所疑 檢飭之人 多爲放肆者所忌
담 박 지 사 필 위 농 염 자 소 의 검 칙 지 인 다 위 방 사 자 소 기
君子處此 固不可小變其操履 亦不可太露其鋒鋩
군 자 처 차 고 불 가 소 변 기 조 리 역 불 가 태 로 기 봉 망

담박한 선비는 반드시 부귀와 명예를 추구하는 자들의 의심을 받고,
스스로 단속하고 조심스러운 사람은 방종한 자의 시기를 받는다.
군자는 이런 처지에서 지조와 행실을 바꿔서도 안 되지만
칼날을 너무 드러내도 안 된다.

욕심이 없고 고결한 사람은 세속적인 권력과 부를 탐하는 사람들
눈에 별종으로 비친다. 자신을 잘 다스리고 신중한 사람은 방종하게
사는 사람들에게는 시기와 질투의 대상이다. 방종한 사람들도 자신
을 통제하며 반듯하기를 바란다. 하지만 그런 경지에 이르지 못했기
때문에 반듯한 사람을 보면 질투하는 것이다.

이렇게 의심하고 시기하는 사람들에 둘러싸였을 때는, 자기의 본
성을 잃지 않으면서도 크게 갈등을 일으키지 않아야 한다. 마음속 칼
날을 드러내면 표적이 되니 조심해야 한다.

역경 속에서 인격이 성숙된다

居逆境中 周身皆鍼砭藥石 砥節礪行而不覺
거 역 경 중 주 신 개 침 폄 약 석 지 절 려 행 이 불 각

處順境內 滿前盡兵刃戈矛 銷膏靡骨而不知
처 순 경 내 만 전 진 병 인 과 모 소 고 미 골 이 부 지

역경 속에 있으면 주변 모든 것이 쇠침과 돌침, 약과 돌뜸이 되어
절개를 갈고닦으며 행실을 연마하면서도 깨닫지 못한다.
순경 속에 처하면 눈앞의 모든 것이 무기, 칼, 창, 방패가 되어
지방이 녹고 뼈가 썩는데도 알지 못한다.

　역경에 처했다는 것은 주변 상황이 자기의 마음대로 잘되지 않는 다는 것이다. 그러니 항상 조심하고, 자신의 허물이 없는지 돌아보게 된다. 역경 속에 있을 때 주변의 사물, 상황은 나를 연마하는 도구가 되고, 항상 최선을 다하며 지내는 사이에 자신도 모르게 성장한다.

　순경 속에서는 모든 일이 다 술술 풀리니 교만해지고 나태해지기 쉽다. 자기가 잘나고 완벽해서 일이 잘되는 것으로 믿기 때문에, 자 신을 되돌아보거나 개선하는 노력을 하지 않는다. 시간이 흐르면서 자기가 점점 무너지는데도 알아차리지 못한다.

욕망은 제 몸을 망친다

生長富貴叢中的 嗜欲如猛火 權勢似烈燄
생 장 부 귀 총 중 적 기 욕 여 맹 화 권 세 사 열 염

若不帶淸冷氣味 其炎 不至焚人 必將自焚
약 부 대 청 랭 기 미 기 염 부 지 분 인 필 장 자 분

부귀한 집에서 태어나 자란 사람은

즐기려는 욕망이 사나운 불과 같고 권세가 맹렬한 불꽃과 같다.

만약 맑고 찬 기미를 지니지 않으면,

그 불꽃이 다른 사람을 태워버리지 않으면 반드시 자기를 태워버린다.

인간의 욕망은 끝이 없다. 10억을 번 사람은 50억을 벌고 싶고, 50억 자산가는 100억을 얻으려 한다. 죽을 때까지 다 쓰지 못할 돈을 욕망의 노예가 되어 뒤쫓는다.

부귀한 집에서 태어나 자란 사람은 돈맛을 알고, 즐기는 것에 익숙하다. 원하면 어지간한 것은 돈으로 구할 수 있다는 것을 어릴 때부터 체득해왔고, 즐기려는 욕망을 통제하지 못한다. 욕망은 속성이 불과 같다. 끊임없이 타오르며 주변을 태워버린다. 불이 더 이상 번지지 않게 하려면 물을 뿌려야 하듯, 욕망을 맑고 차가운 기운으로 통제하지 않으면 남에게 해악을 끼치고 자신에게도 해가 된다.

진실한 마음이 사람의 모든 것이다

人心一眞 便霜可飛 城可隕 金石可貫
인 심 일 진   편 상 가 비   성 가 운   금 석 가 관
若僞妄之人 形骸徒具 眞宰已亡
약 위 망 지 인   형 해 도 구   진 재 이 망
對人 則面目可憎 獨居 則形影自愧
대 인   즉 면 목 가 증   독 거   즉 형 영 자 괴

사람 마음이 한결같이 진실하면

갑자기 서리를 내리게 하고, 성을 무너뜨리고, 쇠와 돌을 뚫어버릴 수 있다.

만약 거짓되고 망령된 사람이

겉모습만 사람처럼 갖추고 참된 마음의 주재(구심점)가 없으면

사람을 대하는 태도가 가증스럽고, 그 모습과 그림자가 수치스럽다.

    사람의 마음이 정성스러움과 진실함으로 가득 차 있으면 무슨 일이든 할 수 있다. 거짓된 마음이 끼어들어 진실함을 가리기 때문에 될 일도 되지 않는다.

    겉모습만 번지르르하다고 해서 다 사람이 아니다. 사람다워야 사람이다. 사람답다는 것은 참된 본성을 다스리는 마음의 중심이 바로 잡혀 있다는 것이다. 그렇지 않으면 본래 마음이 죽어버린다. 사익에 목을 매고, 남을 속이는 떳떳하지 못한 삶을 산다.

높은 경지에 이르면 기교가 없다

文章做到極處 無有他奇 只是恰好
문 장 주 도 극 처　무 유 타 기　지 시 흡 호
人品做到極處 無有他異 只是本然
인 품 주 도 극 처　무 유 타 이　지 시 본 연

문장을 지어 지극한 경지에 이르면

다른 기교 없이도 문장이 꼭 맞으며,

인품을 닦아 지극한 경지에 이르면

다른 특이한 것이 없이 본연의 모습일 뿐이다.

글에 수식이 많으면 겉으로는 화려해 보이지만, 실상 내용이 부실하다. 세계적인 작가들은 글을 깔끔하고 담백하게 쓴다. 별다른 기교가 없어도 전달하려는 메시지가 명확하다. 인격이 성숙한 사람은 겉모습을 요란하게 치장하거나 괴이한 행동을 하지 않는다. 그저 평범해 보인다.

높은 경지에 이르면 기교가 필요 없다. 기이하게 보이려 애쓰거나 꾸미는 것은 가진 것보다 더 높은 평가를 받기 위한 헛된 몸부림일 뿐이다. 탄탄한 실력을 갖추었다면 굳이 꾸밀 필요가 없다.

참된 것과 환상을 구분할 수 있어야 한다

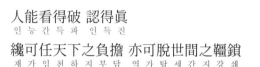

人能看得破 認得眞
인 능 간 득 파 인 득 진

縱可任天下之負擔 亦可脫世間之韁鎖
재 가 임 천 하 지 부 담　역 가 탈 세 간 지 강 쇄

사람이 능히 환상을 깨뜨리고 참됨을 얻어 알 수 있으면,

천하를 짊어질 수 있고 세상의 사슬에서 벗어날 수 있다.

우리가 존재한다고 믿고 있는 것들이나 따르는 가치는 모두 일시적이다. 예를 들어, 나의 육신은 100년 정도 빌리는 것이다. 시간이 지나면 썩어 없어진다. 영원할 것 같은 부귀와 명예도 3대 이상 이어가기 힘들다.

이렇게 일시적인 환상에 불과한 것에 지나치게 집착하고 몰입하면, 뜻을 펼치고 행동하는 데 제약이 많다. 무슨 일을 하려고 해도 육신을 유지하기 위한 물질적인 이익이나 삿된 욕심에 가로막히고 만다. 환상을 깨뜨리고 세상의 본질을 깨달아야 세상의 구속에서 벗어날 수 있는 것이다.

일생을 헛되이 보내지 마라

天地有萬古 此身不再得 人生只百年 此日最易過
천 지 유 만 고   차 신 부 재 득   인 생 지 백 년   차 일 최 이 과
幸生其間者 不可不知有生之樂 亦不可不懷虛生之憂
행 생 기 간 자   불 가 부 지 유 생 지 락   역 불 가 불 회 허 생 지 우

천지는 오랜 세월 존재하지만, 내 몸은 두 번 다시 얻을 수 없다.

인생은 100년에 지나지 않는데, 하루를 헛되이 보내기 쉽다.

태어난 것을 다행으로 여겨 삶을 누리는 기쁨을 알아야 하며,

일생을 헛되이 보내지 않을까 근심하지 않을 수 없다.

천지자연(天地自然)은 인간의 일생과는 비교할 수 없이 장구하다. 하지만 우리의 인생은 100년 남짓에 불과하다. 우리가 이 한 번의 삶의 기회를 얻기 위해 어떤 역사가 이어져 왔는지 헤아리기 힘들다. 태어난 것 자체가 기적이고, 다시 얻기 힘든 것이 삶이다.

하지만 많은 사람이 이 소중한 시간을 꿈꾸듯 흘려보낸다. 하루하루를 쉽게 헛되이 보내고, 젊은 날에 무엇도 이룬 것 없이 방탕하게 보낸 뒤에 아무리 후회해도 흘러가버린 시간은 되돌아오지 않는다. 지금 이 순간 깨어나 매 순간을 헛되이 보내지 말아야 할 것이다.

운이 성할 때 더욱 조심하라

老來疾病 都是少時招得
노 래 질 병 도 시 소 시 초 득
衰時罪業 都是盛時作得
쇠 시 죄 업 도 시 성 시 작 득
故持盈履滿
고 지 영 이 만

늙은 뒤에 얻는 질병은 모두 젊은 시절 불러들인 것이며
운이 쇠한 뒤에 얻는 죄업은 모두 운이 성했을 때 얻은 것이다.
그러므로 군자는 운이 성할 때 더욱 조심한다.

모든 일에는 원인이 있다. 나이 들어 병에 걸리는 것은 건강하고
기력이 넘치던 시절에 건강을 지키지 못한 것이 원인이다. 운이 쇠퇴
한 뒤에 겪는 불행은 모두 운이 성할 때 교만하거나 방심해서 원인을
만들었기 때문에 찾아온다.

이런 이치를 깨달은 군자는 매사에 신중하게 처신한다. 건강할 때
건강을 잃을 만한 행동을 하지 않아 기력을 보존하고, 일이 잘 풀리고
운이 성할 때 죄를 짓지 않도록 살얼음판을 걷듯 조심하는 것이다.

편견과 사사로운 이익을 조심해야 한다

公平正論 不可犯手 一犯手 則貽羞萬世
공 평 정 론 불 가 범 수 일 범 수 즉 이 수 만 세
權門私竇 不可着脚 一着脚 則玷汚終身
권 문 사 두 불 가 착 각 일 착 각 즉 점 오 종 신

공평하고 바른 논의에는 손을 대서는 안 된다.

한 번 손을 대면 후대에 부끄러움을 남기게 된다.

권세 있는 집안과 사사로운 소굴에는 발을 들여놓지 않아야 한다.

한 번 발을 들여놓으면 죽을 때까지 더러움을 남긴다.

이미 공정하게 검증된 정론에 어설픈 편견으로 도전하는 것은 위험하다. 생각이 짧고 경솔하다는 오명을 얻기 쉽다.

권세 있는 사람이나 사사로운 이익을 추구하는 사람과는 엮이지 않는 것이 상책이다. 권세 있는 사람은 권력을 추구하는 일에 나를 이용하려 들고, 사사로운 이익을 추구하는 사람은 나를 통해 이익을 얻으려 할 것이기 때문이다.

정론을 거스르면서 권력에 아부하거나 삿된 욕심을 추구하는 잘못된 길에는 아예 발을 들여놓지 않는 것이 좋다.

뜻을 굽혀 남을 기쁘게 하지 마라

曲意而使人喜 不若直節而使人忌
곡 의 이 사 인 희   불 약 직 절 이 사 인 기
無善而致人譽 不如無惡而致人毁
무 선 이 치 인 예   불 여 무 악 이 치 인 훼

뜻을 굽혀 남을 기쁘게 하는 것은

지조를 굽히지 않아 남의 꺼림을 받는 것만 못하고,

선을 행한 것 없이 칭찬을 듣는 것은

잘못한 것 없이 남의 비방을 받는 것만 못하다.

다른 사람을 기쁘게 하는 것은 좋은 일이다. 하지만 자기 뜻을 굽히면서 남을 기쁘게 하려는 것은 비굴하다. 자신을 꾸미고 속이는 것이기 때문이다. 차라리 남에게 미움을 받더라도 내 뜻을 굽히지 않는 것이 자신에게 당당하고 자연스러운 처신이다.

잘못한 게 없을 때 남의 비방을 받는다면, 오해를 풀거나 상대방의 잘못으로 치부하면 그만이지만, 잘한 일이 없는데 칭찬을 받는 것은 진실의 왜곡이다. 거짓말하는 것과 다를 것이 없다.

친구의 잘못에
우유부단하게 대처하면 안 된다

處父兄骨肉之變 宜從容 不宜激烈
처 부 형 골 육 지 변 의 종 용 불 의 격 렬
遇朋友交遊之失 宜剴切 不宜優遊
우 붕 우 교 유 지 실 의 개 절 불 의 우 유

부모와 혈육에게 변고가 일어나면

마땅히 침착하게 대처하되, 격렬하게 대응해서는 안 된다.

친구와 사귈 때 잘못을 접하면

마땅히 적절히 대처하되, 우유부단하게 대응해서는 안 된다.

가족에게 문제가 생겼을 때 격렬하게 반응하는 경우가 많다. 하지만 감정적으로 대응하면 차분하게 해결할 수 있는 일도 꼬일 수 있다.

친구의 허물을 알았을 때 적절하게 조언을 해주어야 한다. 못 본 척 우유부단하게 넘어가면 친구의 인성을 망치는 것이고, 잘못을 꼬집어 지나치게 비난하면 의가 상한다. 적당히 아는 사이라면 넘어갈 수 있는 것도 친구 사이에는 정성껏 충언해주어야 한다.

가까운 사이일수록 관계를 맺을 때 지혜가 필요하다.

진정한 영웅의 자질

小處不滲漏 暗中不欺隱
소 처 불 삼 루　암 중 불 기 은
末路不怠荒 纔是眞正英雄
말 로 불 태 황　재 시 진 정 영 웅

작은 일도 소홀히 하지 않고,

어두울 때도 속이거나 숨기지 않고,

끝까지 나태해지지 않는 것, 이것이 진정한 영웅이다.

지나치게 대범한 사람은 큰 틀을 보고 과감하게 행동하는 장점이
있지만 작은 일에 소홀하기 쉽다. 두뇌 회전이 빠른 사람은 크고 작
은 일에 잘 대처하지만 원하는 것을 얻기 위해 남을 속이는 꾀를 낸
다. 열정적인 사람은 추진력을 발휘해 일을 이루어내지만 목표를 달
성한 뒤에 나태해지기 쉽다.

　마음을 크게 쓰면서도 작은 일까지도 잘 챙기고, 머리가 좋으면서
도 정직하며, 추진력이 있으면서 끝까지 그 힘을 잃지 않는다면 흠잡
을 데 없는 사람이다.

기이한 것에 마음을 빼앗기지 않아야 한다

驚奇熹異者 終無遠大之識
경 기 희 이 자 종 무 원 대 지 식
苦節獨行者 要有恒久之操
고 절 독 행 자 요 유 항 구 지 조

기이한 것에 놀라고 이상한 것을 좋아하는 사람은
원대한 식견을 가질 수 없다.
힘들게 절개를 지키며 자기만의 길을 가는 사람은
변하지 않는 지조를 지녀야 한다.

기이한 것에 마음을 빼앗기는 사람은 외부의 자극에 쉽게 마음이
흔들린다. 자기중심을 잡고 사물을 바라보는 힘이 약해, 원대한 식견
을 가지기 힘들다. 자기의 신념에 따라 행동하지 못하고, 주변 상황
에 따라 이리저리 휩쓸리고 만다.

자기만의 길을 가면서 절개를 지키는 사람은 고독하다. 그 길에서
지치지 않으려면 고요함 속에서 자기 내면과의 대화에 집중해야 한
다. 그래야 변하지 않는 지조를 끝까지 지켜낼 수 있다.

깨어서 감정과 욕망을 바라보라

當怒火慾水正騰沸時 明明知得 又明明犯著
당 노 화 욕 수 정 등 비 시 명 명 지 득 우 명 명 범 저

知得是誰 犯著又是誰
지 득 시 수 범 저 우 시 수

불같은 분노와 물결 같은 욕망이 끓어오를 때
분명히 알아야 하고 또 확실하게 대처해야 한다.
아는 자는 누구이며, 대처하는 자는 또 누구인가?

분노와 욕망에 휩싸일 때 그것에만 빠져 있지 말고, 그 감정과 욕심을 알아채야 한다. 그 실체를 알고 있어야 그것에 확실하게 대처할 수 있기 때문이다. 감정과 욕심을 알아채는 것도 나이며, 그것에 대처하는 것도 나다. 근본은 하나인 내가 객관적으로 자기 감정과 욕망을 바라보기도 하고, 대응하여 행동하기도 하는 것이다.

나에게서 비롯되는 부정적인 감정과 욕심의 방향은 내가 돌릴 수 있다. 한 생각을 돌리면 모든 것이 깨달음이다.

군자로서 하지 말아야 할 일

毋偏信而爲奸所欺 毋自任而爲氣所使
무 편 신 이 위 간 소 기　무 자 임 이 위 기 소 사

毋以己之長而形人之短 毋以己之拙而忌人之能
무 이 기 지 장 이 형 인 지 단　무 이 기 지 졸 이 기 인 지 능

한쪽 말만 믿어 간사한 자에게 속지 말아야 하며,

제 마음대로 하여 객기의 부림을 받지 말아야 한다.

자기의 장점으로 남의 단점을 드러내지 말고,

자기의 옹졸함으로 남의 능력을 시기하지 말아야 한다.

생각을 잘못 품으면 그릇된 행동을 하고 실수를 저지를 수 있다.

한쪽으로 치우쳐 간사한 자의 말만 믿으면 속아 넘어가기 쉽다. 속임수에 걸려드는 것은 정신을 바로잡지 못한 자기의 잘못도 크다. 제마음대로만 하려는 사람은 객기의 부림을 받는다. 항상 남의 말에 귀기울이고 조화롭게 행동해야 한다. 자기 장점을 자랑하려고 남의 단점을 드러내거나, 자기의 부족한 점을 숨기려고 남의 재능을 시기하는 것은 옹졸함에서 비롯된 덕이 없는 행동이다.

남의 단점을 감싸는 관용의 덕을 가져라

人之短處 要曲爲彌縫 如暴而揚之 是以短攻短
인 지 단 처 요 곡 위 미 봉 여 폭 이 양 지 시 이 단 공 단
人有頑的 要善爲化誨 如忿而嫉之 是以頑濟頑
인 유 완 적 요 선 위 화 회 여 분 이 질 지 시 이 완 제 완

남의 단점은 정성스럽게 감싸주어야 한다.
만일 그것을 드러내어 보인다면 내 단점으로 남의 단점을 공격하는 것이다.
남이 미련하면 잘 가르쳐주어야 한다.
만일 화내고 미워하면 나의 미련함으로 남의 미련함을 구제하려는 것이다.

남의 단점을 드러내려는 시도는 불순하다. 내가 상대보다 더 낫다
는 생각, 교만함, 경쟁자를 밀어내고 올라서려는 마음 등에서 비롯되
는 시도이다. '상생(相生)'이나 '사랑' 같은 단어와는 거리가 멀다.

공공의 이익을 위한 것이 아닌 단점의 폭로는 그 자체가 나의 단
점이 되어버린다. 내 단점으로 남의 단점을 공격하는 것이 된다. 상
대를 감싸주면 관용이 되지만 드러나게 하면 내 밑바닥을 드러내 보
이는 것과 같다. 상대가 미련한 경우에도 잘 가르쳐주어야지, 그것을
탓하고 분노하면 인내심과 지혜가 부족한 자신의 미련함을 드러내는
것이다.

함부로 속마음을 드러내지 말아야 한다

遇沈沈不語之士 且莫輸心
우 침 침 불 어 지 사 차 막 수 심
見悻悻自好之人 應須防口
견 행 행 자 호 지 인 응 수 방 구

침묵하고 말이 없는 사람을 만나면
나 또한 마음을 열어 보이지 말아야 한다.
성을 잘 내고 자만심이 가득한 사람을 대할 때는 입을 다물어야 한다.

모든 사람에게 속마음을 터놓고 지내려는 생각은 경솔하다. 상대의 마음을 전혀 알 수 없을 때 순진하게 자기 속마음을 드러내면 낭패를 당할 수 있다. 자기중심적이고 남의 말에 귀를 기울이지 않는 사람에게는 나에 대해 너무 많은 말을 해서는 안 된다. 나의 말에 공감할 준비가 전혀 되어 있지 않기 때문이다.

그런 사람에게는 내 마음이 공감의 대상이 아니다. 그저 하나의 사실(fact)이고, 다른 정보를 얻기 위한 거래의 대상이나 판단의 대상이 되어버릴 수 있다. 공감하는 사람은 판단하지 않지만, 공감하지 않는 사람은 판단한다.

정신을 집중하되 긴장을 풀어라

念頭昏散處 要知提醒 念頭喫緊時 要知放下
염두혼산처 요지제성 염두끽긴시 요지방하
不然 恐去昏昏之病 又來憧憧之擾矣
불연 공거혼혼지병 우래동동지요의

생각이 어둡고 산만할 때는 정신을 일으켜 깨울 줄 알아야 하고,
지나치게 긴장될 때는 풀어놓아 긴장을 풀 줄도 알아야 한다.
그렇지 않으면 정신이 혼미한 병은 고치더라도
마음이 안정되지 않는 근심을 불러들일 것이다.

우리의 생각은 가만히 두면 산만해지고 흩어지기 쉽다. 생각을 하나에 집중하지 못할 때는 자신을 채찍질하면서 정신을 일으켜 깨워내야 한다. 그래야 무슨 일이든 해낼 수 있다. 집중된 정신이 현실을 창조해내기 때문이다.

하지만 너무 자신을 몰아붙이기만 하면 피곤하다. 적절하게 긴장을 풀고 마음을 편안하게 해야 한다. 정신의 날을 날카롭게 했다가 무디게 했다 하는 것을 자유자재로 조절하는 것이 묘미다. 자기만의 리듬을 찾아야 한다. 그것이 정신을 다스리는 중용의 도다.

본마음은 항상 그대로이다

霽日靑天 倏變爲迅雷震電
제 일 청 천 숙 변 위 신 뢰 진 전

疾風怒雨 倏轉爲朗月晴空
질 풍 노 우 숙 전 위 낭 월 청 공

人之心體 亦當如是
인 지 심 체 역 당 여 시

비 갠 날 푸른 하늘이 갑자기 변해 천둥 번개가 치고,

세찬 바람과 사나운 비도 갑자기 그치고, 밝은 달과 갠 하늘이 된다.

사람의 마음도 이와 같아야 한다.

날씨는 갑자기 극단적으로 변하는 수가 있다. 조금 전까지 푸르던 하늘에 먹구름이 끼어 폭우가 쏟아지거나 천둥 번개가 치기도 하고, 사납게 내리던 비가 갑자기 그치고 햇볕이 내리쬐기도 한다. 언제나 변화의 가능성이 있고, 아무리 두꺼운 비구름 뒤에도 맑게 갠 하늘이 있다.

사람의 마음도 이와 같다. 감정의 요동이나 욕망에 따라 극적으로 변할 가능성이 있다. 하지만 구름과 비바람이 하늘의 본래 모습이 아니듯, 요동치는 마음 뒤에는 평온한 본래 심성이 있다.

고난을 두려워하지 마라

橫逆困窮 是煅煉豪傑的一副爐鎚
황 역 곤 궁 시 단 련 호 걸 적 일 부 노 추

能受其煅煉者 則身心交益
능 수 기 단 련 자 즉 신 심 교 익

不受其煅煉者 則身心交損
불 수 기 단 련 자 즉 신 심 교 손

역경과 곤궁은 호걸을 단련하는 화로와 망치다.

그 단련을 능히 받아내는 자는 몸과 마음에 이롭고

그렇지 못한 자는 몸과 마음이 손상될 것이다.

쉬는 뜨거운 불길과 셀 수 없는 매서운 망치질을 견뎌내야 잘 단련
된다. 사람에게는 역경과 곤궁함이 화로와 망치의 역할을 한다. 사람
은 힘든 위기와 곤란함을 겪으면서 흔들리는 마음을 다스리는 법을
배운다. 또한 아무리 힘들어도 육체의 건강을 잃지 않고 기운을 집중
하면 이겨낼 수 있다는 것을 체득한다.

역경과 곤궁함을 이겨내지 못한 사람은 경험을 통한 성장을 체험
하지 못하고, 자신의 소명과 큰 업적을 이룰 수 없다.

염려가 소홀하거나 지나치지 않아야 한다

害人之心不可有 防人之心不可無 此戒疎於慮者
해 인 지 심 불 가 유 방 인 지 심 불 가 무 차 계 소 어 려 자
寧受人之欺 毋逆人之詐 此警傷於察者
영 수 인 지 기 무 역 인 지 사 차 경 상 어 찰 자

남을 해치는 마음이 있어선 안 되지만
남에게서 자신을 보호하는 마음은 없어선 안 된다.
이는 염려가 소홀할까 경계하는 것이다.
차라리 남에게 속을지언정
남의 속임수를 거슬러 막지는 말아야 한다.
이는 지나치게 살피는 것을 경계하는 것이다.

다른 사람을 지나치게 믿고 경계를 풀어버리면 상대에게 속거나 인간적인 배신을 당할 수 있다. 사람 사이에서는 어떤 일도 일어날 가능성이 있다. 냉정하게 판단하고, 무슨 일에든 사려 깊게 대비하는 것이 현명하다.

반대로 다른 사람을 너무 의심하면 마음을 터놓고 지낼 수 없다. 관계가 계산적이 되고, 덕이 손상될 수 있다.

사람을 너무 믿어도 안 되고 너무 의심해도 안 된다.

뜻을 굽히지 않되, 신중해야 한다

母因群疑而阻獨見 母任己意而廢人言
무 인 군 의 이 조 독 견 무 임 기 의 이 폐 인 언
母私小惠而傷大體 母借公論而快私情
무 사 소 혜 이 상 대 체 무 차 공 론 이 쾌 사 정

많은 이들이 의심한다고 해서 자기만의 견해를 굽히지 말고,
내 뜻만 믿고 마음대로 하면서 남의 말을 버리지 말라.
작은 은혜를 사사로이 베풀어 전체에 해를 끼치지 말고,
공론을 빌려와 삿된 감정을 풀려고 하지 말라.

많은 사람의 의심 때문에 자기만의 독특한 견해나 주장을 굽히지
말아야 한다. 다수가 믿는다고 해서 진리는 아니다. 자기가 확실하다
고 생각하는 것이 있으면 아무리 많은 사람이 반대한다고 하더라도
용기 있게 자신의 관점을 고수해야 한다. 하지만 언제나 귀는 열려
있어야 한다. 남의 말이 이치에 합당하면 자기의 견해를 검증하는 데
활용해야 한다.

작은 은혜를 사사로이 베풀면 원칙과 공정성이 깨진다. 이것은 전
체에 해를 끼치는 것이다. 자기 감정을 풀기 위해 공론을 이용하는 것
은 비열한 짓이다.

먼저 자신을 다스려야 한다

靑天白日的節義　自暗室屋漏中培來
청 천 백 일 적 절 의　자 암 실 옥 루 중 배 래
旋乾轉坤的經綸　從臨深履薄中操出
선 건 전 곤 적 경 륜　종 임 심 이 박 중 조 출

맑게 갠 하늘에서 밝게 비치는 태양과 같은 절개와 의리는
집안의 가장 은밀하고 어두운 곳에서 길러지는 것이며,
천지를 운행하는 큰 경륜은
깊은 물가에 다가가고 얇은 얼음을 밟을 때의 신중함에서 나온다.

남들이 보지 않는 은밀한 곳에서 옳은 일을 행하고, 절개와 의리를
지켜야 그것이 공적으로 드러날 때도 떳떳하고 공명정대하다. 겉으
로만 그럴듯하게 꾸미는 위선은 언젠가는 그 실체가 드러나기 마련
이다. 생전에 밝혀지지 않더라도 사후에라도 역사의 심판을 받게 되
고 자손 대대로 수치를 면하지 못한다.

　천지를 다스리는 경륜은 얇은 얼음 위를 걸어갈 때와 같은 신중함
에서 나온다. 작은 것에서부터 시작해서 큰일이 이루어지는 것이지,
처음부터 끝까지 호방하기만 해서는 위태롭다.

가족 간에 마땅한 도리로
생색내지 않아야 한다

如施者任德 受者懷恩 便是路人 便成市道矣
여 시 자 임 덕 수 자 회 은 편 시 노 인 편 성 시 도 의

만약 베푸는 사람이 덕이 있다고 여기고 받는 사람이 은혜라 여긴다면
이는 길거리 사람들의 일이요, 길거리의 도일 뿐이다.

가족 간에 사람의 도리에 따라 마땅히 행하는 일에 대해 생색내지
말아야 한다. 부모가 자식을 사랑으로 키우고, 물질적인 도움을 주면
서 은근히 은혜를 갚을 것을 종용하면, 자식의 반발을 불러일으킬 수
있다. 자식이 부모를 공경하여 모시면서 생색내면, 그 효의 아름다움
이 반감된다.

하지만 그것을 당연한 것으로만 여기고 아무런 사랑과 고마움을
표현하지 않는 것도 문제가 있다. 마음속으로는 편하게 사랑을 주고
받되, 입으로는 감사함을 표현하는 것이 자연스럽다.

골육 간에 질투가 더 심하다

炎凉之態 富貴更甚於貧賤
염 량 지 태 부 귀 경 심 어 빈 천

妬忌之心 骨肉尤狠於外人
투 기 지 심 골 육 우 한 어 외 인

此處若不當以冷腸 禦以平氣 鮮不日坐煩惱障中矣
차 처 약 부 당 이 냉 장 어 이 평 기 선 불 일 좌 번 뇌 장 중 의

날씨가 더웠다, 추웠다 변하는 것처럼 인정이 변하는 것은

빈천한 자보다 부귀한 자가 오히려 심하고,

시기, 질투하는 마음은 남보다 골육 간이 더 심하다.

이런 처지에 놓였을 때 냉정하게 대처하고 평정심으로 제어하지 않으면

번뇌에 시달리지 않는 날이 드물게 된다.

가족 간에 시기, 질투하며 다툼이 있는 것만큼 괴로운 일이 없다. 서로 너무 잘 알기에 한번 관계가 틀어지면 오히려 남보다 더 심하게 다투기 마련이다. 특히 경제적인 문제로 갈등이 생겼을 때는 관계 회복이 거의 불가능하다.

가족 간에 갈등이 생겼을 때는 더욱더 냉정해져야 한다. 평정심이 무너진 상태에서 감정적으로 대처하면 해결책이 보이지 않는다. 감정의 상처는 시시비비의 판단이나 논리로 치유되지 않는다.

사람의 마음을 얻는 법

功過不宜小混 混則人懷惰墮之心
공 과 불 의 소 혼　혼 즉 인 회 타 휴 지 심
恩仇不可太明 明則人起携貳之志
은 구 불 가 태 명　명 즉 인 기 휴 이 지 지

공과 허물은 마땅히 조금도 혼동해서는 안 된다.
그렇지 않으면 사람들이 나태한 마음을 품게 된다.
은혜와 원수는 지나치게 분명하게 가리지 말아야 한다.
분명히 가리면 사람들이 배반할 마음을 품게 된다.

조직을 이끌어가는 사람은 공이 있는 사람에게는 확실하게 상을
주고, 허물이 있는 사람에게는 명확하게 경고하고 벌을 주어야 한다.
공이 있어도 포상을 하지 않으면 사람들이 굳이 힘을 다하려 하지 않
는다. 허물이 있어도 벌하지 않으면 규범이 무너지기 마련이다.

하지만 은혜와 원수는 명확하게 구분하지 않는 것이 좋다. 은혜 입
은 사람에게는 충분히 보답하고, 원수는 오히려 품에 껴안아야 한다.
그렇지 않으면 원한 관계에 있는 사람들이 배반하려 든다. 보복이 두
렵기 때문이다. 칼자루를 쥐었을 때는 칼을 휘두르기보다 포용력을
발휘해야 사람의 마음을 얻을 수 있다.

악은 드러내고 선은 숨기는 것이 좋다

惡忌陰 善忌陽
악 기 음 선 기 양
故惡之顯者禍淺 而隱者禍深
고 악 지 현 자 화 천 이 은 자 화 심
善之顯者功小 而隱者功大
선 지 현 자 공 소 이 은 자 공 대

악은 음지에 숨는 것을 꺼리고, 선은 양지에 드러나는 것을 꺼린다.
그러므로 악을 드러내면 화가 얕고, 숨기면 화가 깊으며,
선을 드러내면 공이 작고, 숨기면 공이 크다.

악한 행동을 음지에 숨기면 걷잡을 수 없이 커져 큰 해가 된다. 악은 드러내야 한다. 그래야 잘못을 고칠 기회를 얻을 수 있다. 악한 마음이 더 커지기 전에 그 싹을 잘라낼 수 있는 것이다. 그리고 잘못으로 인해 생기는 화를 미리 막을 수 있다.

선한 행동은 드러내면 그 공이 작아진다. 선을 드러내면 그 의도가 의심받는다. 본성에서 우러나 선을 행하는 것이 아니라, 칭찬받고 인정을 얻기 위한 것으로 받아들여지기 때문이다. 남몰래 하는 선행이 진짜 선행이다.

덕이 근본이다

德者才之主 才者德之奴
덕 자 재 지 주   재 자 덕 지 노

有才無德 如家無主而奴用事矣 幾何不魍魎猖狂
유 재 무 덕   여 가 무 주 이 노 용 사 의   기 하 불 망 량 창 광

덕은 재주의 주인이고, 재주는 덕의 종이다.

재주가 있지만 덕이 없으면,

마치 집에 주인이 없이 종이 제 맘대로 하는 것과 같으니

어찌 도깨비가 미쳐 날뛰지 않겠는가?

사람이 덕이 있으면서 능력도 뛰어나면 좋겠지만 둘 중 하나만 선택하라고 한다면, 덕을 선택해야 한다. 재주가 부족한 사람과 함께 하면 일하는 데 곤란함과 불편함은 있을 수 있지만 그 해악이 널리 미치지 않는다. 하지만 뛰어난 재능을 가진 사람이 도덕적으로 문제가 있으면, 사회적으로 물의를 일으켜 많은 사람에게 충격을 줄 수 있다.

뛰어난 능력이 있는 의사가 자기 환자를 성추행한다거나, 대중에게 큰 영향력이 있는 연예인이 불법도박이나 마약에 빠지는 것과 같은 사건은 많은 이에게 충격을 준다.

재주가 있는 사람이라면 더욱 덕 닦기에 힘써야 할 것이다.

재물보다 중요한 것이 지혜다

士君子 貧不能濟物者
사 군 자 빈 불 능 제 물 자

遇人痴迷處 出一言提醒之
우 인 치 미 처 출 일 언 제 성 지

遇人急難處 出一言解救之 亦是無量功德
우 인 급 난 처 출 일 언 해 구 지 역 시 무 량 공 덕

군자가 가난하여 물질로는 남을 구제하지 못하더라도

어리석은 자를 만나 한마디 말로 깨우쳐주고,

위급하고 곤경에 처한 자를 만나 한마디 말로 벗어나게 해주면,

이것 역시 헤아릴 수 없는 공덕이라 할 수 있다.

부유한 사람은 재물을 사람들에게 나누어주어 은혜를 베풀 수 있다. 하지만 재물이 없어도 다른 사람을 도울 수 있다. 때로는 지혜로운 사람의 결정적인 충고가 재물보다 더 가치 있다.

자기의식의 한계에 갇혀 다람쥐 쳇바퀴 돌 듯 살아가며 깨어나지 못하고 있는 사람이나 곤경에 처해 방황하고 있는 사람에게는 돈을 주어도 일시적인 도움밖에 되지 않는다. 오히려 정신을 깨는 한마디, 결정적인 한마디가 더 도움된다. 재물보다 지혜로운 충고가 사람을 살리는 열쇠가 되는 것이다.

모든 책임을 자신에게서 찾아라

處己者 觸事 皆成藥石
처 기 자 촉 사 개 성 약 석

尤人者 動念 卽是戈矛
우 인 자 동 념 즉 시 과 모

一以闢衆善之路 一以濬諸惡之源 相去霄壤矣
일 이 벽 중 선 지 로 일 이 준 제 악 지 원 상 거 소 양 의

자기에게서 원인을 찾는 사람은 만나는 일이 모두 약과 침이 되고,
남을 탓하는 사람은 일어나는 생각이 날카로운 창이 된다.
하나는 모든 선의 길을 열고, 다른 하나는 모든 악의 물길을 트니
하늘과 땅만큼 차이가 난다.

삶의 현실은 내 마음을 그대로 드러내 보여주는 거울과 같다. 실패하든 성공하든 그 원인을 나에게서 찾아야 한다. 좀 더 구체적으로는 내 마음에서 찾아야 할 것이다. 남에게 의존하지는 않았는지, 책임을 회피하지는 않았는지, 정말 최선을 다했는지 성찰해보아야 한다.

이렇게 성공과 실패의 원인을 자신에게서 찾으면 모든 경험이 보약이 된다. 하지만 남을 탓하는 생각을 품으면 그것이 날카로운 창이 되어 나를 해친다. 경험으로부터 배운 것이 하나도 없기 때문이다. 이 한 생각의 차이가 사람과 사람을 하늘과 땅만큼 차이 나게 한다.

변하지 않는 정신과 기개

事業文章 隨身消毁 而精神萬古如新
사 업 문 장 수 신 소 훼 이 정 신 만 고 여 신
功名富貴 逐世轉移 而氣節千載一日
공 명 부 귀 축 세 전 이 이 기 절 천 재 일 일
君子信不當以彼易此也
군 자 신 부 당 이 피 역 차 야

사업과 문장은 몸을 따라 닳아 없어지지만, 정신은 시간이 흘러도 새롭다.

공명과 부귀는 세상을 좇아 옮겨가지만,

기개와 절개는 천 년이 하루와 같이 변함없다.

군자는 저것(사업, 문장, 공명, 부귀)으로써 이것(정신, 기개, 절개)을 바꾸지 않아야 한다.

여기서 문장은 '재주, 재능'으로 해석하는 것이 적절하다. 아무리 위대한 사업을 일구고, 신묘한 재주를 가졌어도 몸이 노쇠하면서 함께 소멸해간다. 오직 변하지 않는 것은 활기차고 건전한 정신이다.

명성과 부귀도 세상의 변화에 따라 뒤집힌다. 하지만 한 사람의 기개와 절개는 역사로 남아 후대 사람들에게 귀감이 된다.

변하지 않는 정신과 기개를 변하기 쉬운 부귀공명 따위와 바꾸지 말아야 한다.

모든 것을 다 알 수는 없다

魚網之設 鴻則罹其中
어 망 지 설 홍 즉 리 기 중
螳螂之貪 雀又乘其後
당 랑 지 탐 작 우 승 기 후
機裏藏機 變外生變 智巧何足恃哉
기 리 장 기 변 외 생 변 지 교 하 족 시 재

고기 그물을 치니 기러기가 걸리고
벌레를 노리는 사마귀 뒤에서 참새가 또 그 뒤를 노린다.
기회 속에 기회가 숨어 있고 변고 밖에서 변화가 생기니
어찌 지혜와 슬기로움을 믿을 것인가?

물고기를 잡으려고 그물을 쳤는데, 엉뚱한 기러기가 잡힌다. 사마귀가 벌레를 잡아먹으려고 잔뜩 벼르고 있는데, 그 뒤에는 참새가 사마귀를 잡아먹으려고 준비하고 있다. 기러기나 사마귀 입장에서는 전혀 예상하지 못한 변고가 생기는 것이다.

사람의 일도 이와 같다. 우리의 지혜로 알 수 있는 것은 지극히 제한적이다. 삶의 현실은 그저 내맡기고 받아들이는 수밖에 없다. 자신의 지혜를 과신하지 말고 운명의 흐름을 즐기며 살아가는 것이 현명하다.

진실함과 간절함을 가져라

作人 無一點眞懇的念頭 便成個花子 事事皆虛
작 인 무 일 점 진 간 적 염 두 편 성 개 화 자 사 사 개 허
涉世 無一段圓活的機趣 便是個木人 處處有碍
섭 세 무 일 단 원 활 적 기 취 편 시 개 목 인 처 처 유 애

인격을 형성하는 데 진실함과 간절함이 조금도 없으면
인형을 만든 것 같이 일마다 모두 공허하다.
세상을 살아가는 데 원활한 마음의 작용과 흥취가 없으면
나무 인형과 같아서 가는 곳마다 저항이 있다.

인형의 겉모습은 사람과 비슷하지만 아무런 생명력이 없다. 피가
흐르지 않고, 심장이 뛰지 않고, 영혼의 번뜩임이 없다.

살아 있다는 것, 생명의 본성은 진실한 정성과 간절함이다. 누군
가의 간절한 소망으로 생명이 태어나고, 지극한 정성으로 생명을 유
지하면서 살아갈 수 있다. 사람이 살아가는 데는 이런 생명의 본성을
따라 진실함과 간절함을 가져야 한다. 그렇지 않으면 영혼 없는 인형
과 같이 내 삶이 아닌, 껍데기뿐인 삶을 살아가게 된다.

일은 너그럽게 처리하라

事有急之不白者 寬之或自明 毋躁急以速其忿
사 유 급 지 불 백 자 관 지 혹 자 명 무 조 급 이 속 기 분
人有操之不從者 縱之或自化 毋操切以益其頑
인 유 조 지 부 종 자 종 지 혹 자 화 무 조 절 이 익 기 완

일을 급하게 진행하면 밝혀지지 않던 것이

너그럽게 하면 혹 스스로 밝혀지기도 하니

조급하게 굴어 분노를 재촉하지 말아야 한다.

사람을 다룰 때는 내버려두면 따르지 않던 사람이 스스로 따르기도 하니

엄하게 단속하여 더 완고해지지 않도록 해야 한다.

모든 일에는 강함과 부드러움을 적절히 활용해야 한다. 무조건 강하게 밀어붙이기만 한다고 일이 빨리 해결되는 것이 아니다. 조급증은 현명함의 반대편에 있다. 조급함은 항상 문제를 만들고 실수의 원인이 된다. 쥐도 궁지에 몰리면 고양이를 물 듯이, 조급한 마음에 강하게 압박하기만 하면 상대에게서 원하는 것을 얻어내기는커녕 공격당할 수 있다.

일하고 사람을 대할 때 여유를 갖고 너그럽게 하면 오히려 더 쉽고 빠르게 해결될 수 있다.

덕성으로 갈고닦아야 한다

節義傲靑雲 文章高白雪 若不以德性陶鎔之
절 의 오 청 운 문 장 고 백 설 약 불 이 덕 성 도 용 지
終爲血氣之私 技藝之末
종 위 혈 기 지 사 기 예 지 말

절개와 의리가 푸른 하늘을 업신여길 정도로 당당하고
문장이 흰 눈처럼 고결하다 해도
덕성으로 도야하지 않으면
마침내 사사로운 혈기와 천박한 재주가 될 뿐이다.

추상같은 절개와 산처럼 무거운 의리가 아무리 당당하더라도 도덕이 바탕이 되어 있지 않으면 사사로운 혈기에 지나지 않는다. 예를 들어, 조직 폭력배들의 의리를 생각해보면 알 수 있다. 절개와 의리이기는 하지만 공공의 이익을 위한 것이 아니다.

문장과 재주가 아무리 고고하고 뛰어나다 하더라도 그 안에 인격과 품격이 깃들어 있지 않다면, 한낱 잔재주에 지나지 않는다.

현명하게 처신하는 법

謝事 當謝於正盛之時 居身 宜居於獨後之地
사사 당사어정성지시 거신 의거어독후지지
謹德 須謹於至微之事 施恩 務施於不報之人
근덕 수근어지미지사 시은 무시어불보지인

일에서 물러나려면 마땅히 한창 성할 때 해야 하고,

몸을 두려면 남들이 원하지 않는 곳을 정해야 한다.

덕을 신중히 실천하려면 지극히 작은 일에서 조심해야 하고,

은혜를 베풀려면 갚지 못할 사람에게 베풀어야 한다.

어떤 일에서 물러나기 가장 좋은 시기는 일이 최고로 잘 되고 있을 때다. '물극즉반(物極則反, 만물의 변화가 그 극에 달하면 다시 원상으로 복귀함)'이라는 말이 있듯이, 가장 성한 시기를 지나면 추락밖에 남지 않는다. 이익을 탐하는 사람들 사이에 있을 때는 남들이 원치 않는 곳을 자기 자리로 정해야 몸을 보전할 수 있다.

덕을 실천할 때는 작은 일에도 신중해야 한다. 그렇지 않으면 상대의 마음을 상하게 하여 괜한 오해와 미움의 대상이 될 수 있다. 은혜를 베풀면 보답을 받으려 하지 말고 베푸는 그 자체에 의의를 두어야 한다. 이 모든 것이 현명하게 처신하는 방법이다.

마음의 뿌리가 깊어야 한다

德者事業之基　未有基不固　而棟宇堅久者
덕 자 사 업 지 기　미 유 기 불 고　이 동 우 견 구 자
心者修行之根　未有根不植　而枝葉榮茂者
심 자 수 행 지 근　미 유 근 불 식　이 지 엽 영 무 자

덕이란 사업의 바탕이다.

바탕이 단단하지 않고서는 집이 견고할 수 없다.

마음이란 수행의 뿌리다.

뿌리를 심지 않고서는 가지와 잎이 무성할 수 없다.

사업은 사람을 상대로 하는 일이다. 사람 사이는 물질적인 이익이 아니라 덕을 근본으로 해야 한다. 재주가 뛰어나고 수완이 좋더라도 근본 바탕인 덕이 부족하면, 잠깐 이익을 얻을지 몰라도 종국에는 크게 사업을 번창시킬 수 없다. 사업을 크게 이루려면 먼저 덕을 바로 세워야 한다.

몸을 닦고 행실을 바로 하는 것의 근본은 마음이다. 먼저 마음을 닦아야 수행이 이루어진다. 두려움이나 분노로 가득 찬 비뚤어진 마음으로는 아무리 열심히 수행해도 얻을 수 있는 것이 없다.

모든 일에 경계하고 조심하는 자세를 가져라

道是一件公衆的物事 當隨人而接引
도 시 일 건 공 중 적 물 사　당 수 인 이 접 인
學是一個尋常的家飯 當隨事而警惕
학 시 일 개 심 상 적 가 반　당 수 사 이 경 척

도는 대중적인 사물이니,

마땅히 사람마다 그에게 맞게 이끌어주어야 한다.

배움은 사사로운 집밥과 같으니,

마땅히 일마다 경계하고 삼가야 한다.

'도(道)'는 사람이 마땅히 가야 할 길이다. 특별한 사람들의 사유물이 아니라 공기나 물처럼 누구나 자유롭게 나누고 사용할 수 있어야 한다. 그러니 올바른 도에 맞게 살아가는 것은 남의 일이 아니라 바로 나의 일이다. 인간다운 길이 무엇인지 고민하면서 각자에게 맞게 적용해야 한다.

배움은 특정한 시간, 특정한 장소에서만 이루어지는 것이 아니다. 삼시 세끼 밥을 먹듯 언제나 배움에 열려 있어야 한다. 항상 경계하면서 신중하게 처신하면 일상의 모든 경험이 배움이다.

무엇을 위해 근면할 것인가

勤者敏於德義 而世人借勤 以濟其貪
근 자 민 어 덕 의   이 세 인 차 근   이 제 기 탐
儉者淡於貨利 而世人假儉 以飾其吝
검 자 담 어 화 리   이 세 인 가 검   이 식 기 린
君子持身之符 反爲小人營私之具矣
군 자 지 신 지 부   반 위 소 인 영 사 지 구 의

근면함은 덕과 의를 행함에 민첩한 것을 말한다.

그런데 세상 사람들은 근면함을 빙자하여 탐욕을 채우려 한다.

검소함은 재물과 이익에 담박한 것을 말한다.

그런데 세상 사람들은 검소함을 빙자하여 인색함을 꾸미려 한다.

군자의 징표가 소인의 삿된 이익에 도구가 됐으니 안타깝다.

'근면하다'의 원뜻은 덕과 의를 실천하는 데 부지런하다는 것이다. 그런데 사람들은 본래 깊은 뜻을 외면하고 그 껍데기만을 취해 곡해한다. '근면'이라는 가치와 '물질에 대한 탐욕'을 연결해, 마치 탐욕을 부지런히 추구해야 할 것으로 바꿔버린다.

검소함과 인색함은 종이 한 장 차이다. 소인들은 검소함이라는 가치를 인색함을 꾸미는 데 잘못 활용한다. 군자를 위한 가치가 소인들의 이익을 위한 도구로 전락하는 것을 경계해야 한다.

자신에게 엄격하고, 남에게 관대하라

人之過誤宜恕 而在己則不可恕
인 지 과 오 의 서 이 재 기 즉 불 가 서
己之困辱宜忍 而在人則不可忍
기 지 곤 욕 의 인 이 재 인 즉 불 가 인

남의 잘못은 마땅히 용서하되,

자기의 잘못은 용서해서는 안 된다.

자신이 당하는 괴로움과 모욕은 마땅히 참아내되,

남이 당하는 곤욕은 참아서는 안 된다.

남의 잘못을 꾸짖고 벌주기만 하면 좋을 것이 없다. 먼저 자기의 덕이 손상된다. 그리고 잘못한 사람도 오히려 반발심이 생겨서 자신의 잘못을 뉘우치기보다 앙심을 품고 복수하려 들 수 있다. 남의 잘못을 너그럽게 용서해야 이런 폐해가 없다. 반대로 내 잘못은 철저하게 반성하고, 고쳐야 한다.

자기가 겪는 괴로움이나 모욕은 잘 견뎌내어 자신을 단련해야 하지만 남이 겪는다면 힘을 다해 도와주는 것이 좋다. 최선을 다해 곤욕에서 빠져나올 수 있게 도와주되, 집착하지는 말아야 한다. 어쩌면 그가 겪어야 할 몫이기도 하기 때문이다.

은혜와 위엄을 보이는 방법

恩宜自淡而濃 先濃後淡者 人忘其惠
은 의 자 담 이 농　선 농 후 담 자　인 망 기 혜
威宜自嚴而寬 先寬後嚴者 人怨其酷
위 의 자 엄 이 관　선 관 후 엄 자　인 원 기 혹

은혜는 마땅히 조금씩 베풀다가 깊어져야 한다.

처음에는 깊다가 나중에 줄어들면 그 은혜를 잊기 마련이다.

위엄은 마땅히 엄하게 시작하여 너그러워져야 한다.

처음에는 너그럽다가 나중에 엄하면 그 가혹함을 원망하기 마련이다.

사람의 마음은 간사하다. 처음부터 자기에게 지나치게 잘해주는
사람에게는 항상 그만큼을 기대한다. 만약 시간이 지나면서 얻는 것
이 처음만 못하면, 사람들은 상대에게 서운함을 느끼고 은혜를 점차
잊어간다. 마찬가지로 처음에 자신에게 너그러웠던 사람이 나중에
엄격하게 하면 가혹하다고 원망한다.

은혜와 위엄은 처음에는 박하고 엄격하게 보이고, 나중에 점점 후
하고 너그럽게 해야 한다. 그것이 사람의 마음을 얻는 방법이다.

권력에 가까워질수록
처신을 조심해야 한다

士君子 處權門要路 操履要嚴明 心氣要和易
사 군 자 처 권 문 요 로 조 리 요 엄 명 심 기 요 화 이

母少隨而近腥羶之黨 亦母過激而犯蜂薑之毒
무 소 수 이 근 성 전 지 당 역 무 과 격 이 범 봉 채 지 독

군자가 권세 있는 중요한 위치에 있으면
지조와 행실은 엄격하고 명확해야 하고, 마음은 온화해야 한다.
조금도 남을 추종하지 말고, 비리고 누린내 나는 무리를 멀리해야 한다.
또한 지나치게 과격하지 말고, 벌과 전갈의 독을 거스르지 않아야 한다.

권력에 가까울 때는 처신을 극히 조심해야 한다. 권력을 가지면 많은 이의 질투 대상이 되거나 적으로 간주되기 때문이다.

먼저 행실을 바르게 해서 트집 잡힐 구실을 만들지 말아야 한다. 마음을 온화하게 가져, 감정의 동요를 적게 해야 한다. 감정이 불안정하면 중상모략에 휘말리기 쉽다. 이익만을 추구하는 비열한 무리와 가까이 지내면 지조가 흔들리니 조심해야 한다. 자신의 올곧음만을 주장하여 소인들을 과하게 공격하면 그들의 적이 된다. 소인들의 독침을 맞지 않고 몸을 보전하려면 적절한 거리를 유지하는 것이 좋다.

사람을 깨우치려면 마음을 다하라

遇欺詐的人 以誠心感動之 遇暴戾的人 以和氣薰蒸之
우 기 사 적 인 이 성 심 감 동 지 우 폭 려 적 인 이 화 기 훈 증 지
遇傾邪私曲的人 以名義氣節激礪之
우 경 사 사 곡 적 인 이 명 의 기 절 격 려 지
天下無不入我陶鎔中矣
천 하 무 부 입 아 도 용 중 의

남을 속이는 사람을 만나면 정성 어린 마음으로 감동시키고,

모질고 사나운 사람을 만나면 온화한 기운으로 훈훈하게 감싸주고,

사악함에 기울어 마음이 바르지 않은 사람을 만나면

명분과 의리, 기개와 절조로 격려해준다.

이렇게 하면 천하에 깨우치고 길러주는 대로 하지 않을 사람이 없다.

사람을 변화시키는 데는 정성스러운 마음이 근본이다. 남을 속이려는 사람을 정성으로 대하면 감동하여 뉘우칠 수 있다. 사나운 사람은 사랑받은 경험이 많지 않아 길을 잃은 것이니, 온화한 기운으로 감싸주면 모진 마음을 버릴 수 있다. 사욕에 눈멀고 마음이 바뚤어진 사람은 내면의 도덕성을 일깨워주면 교화할 수 있다. 하지만 모든 사람을 변화시키기는 힘들다. 노력하되, 결과에 마음 쓰지 말아야 한다. 변화는 그 사람의 몫이다.

참고 견디는 자세가 귀하다

語云 登山耐險路 踏雪耐危橋 一耐字極有意味
어운 등산내험로 답설내위교 일내자극유의미
如傾險之人情 坎坷之世道 若不得一耐字 撑持過去
여 경험지인정 감가지세도 약부득일내자 탱지과거
幾何不墮入榛莽坑塹哉
기 하 불 타 입 진 망 갱 참 재

옛말에 '산을 오를 때 험한 길을 견뎌야 하고,

눈길을 걸을 때 위태로운 다리를 견뎌야 한다'고 했다.

'내耐(견디다)'라는 한 글자에 지극한 의미가 있다.

이렇게 사람들의 마음이 간악하고 세상은 험악한데,

'내耐'자 한 글자를 얻어 세상을 살아가지 않는다면,

어찌 덤불과 구덩이 속에 빠지지 않겠는가?

    세상을 살아가는 길은 모두 평탄한 아스팔트 길이 아니다. 자갈길, 가시밭길 같은 비포장도로 구간이 더 길다. 이런 세상을 살아가면서 참고 견디는 마음을 갖지 않는다면 고꾸라지기 쉽다.

    '참고 견딘다'는 것은 상황에 굴복하고 소극적으로 포기하는 것이 아니다. 오히려 적극적인 용기로 전략적인 선택을 하는 것이다. 아무런 용기와 의지가 없다면 참고 견딜 수 없다.

반드시 지킬 두 가지

居官有二語 曰惟公則生明 惟廉則生威
거 관 유 이 어　왈 유 공 즉 생 명　유 렴 즉 생 위
居家有二語 曰惟恕則情平 惟儉則用足
거 가 유 이 어　왈 유 서 즉 정 평　유 검 즉 용 족

관직에 있을 때 두 가지를 유의한다.

1. 공정함은 밝음을 낳는다.

2. 청렴함은 위엄을 낳는다.

가정에서는 두 가지를 유의한다.

1. 용서하면 가족의 마음이 평화롭다

2. 검소하면 살림살이가 넉넉해진다.

관직에 있으면서 공정하면, 현명하고 지혜롭게 일 처리를 할 수 있다. 누군가를 편애하거나 학연, 지연 등을 고려하면 어두워진다. 청렴하다면 당당하다. 조금도 부끄럽지 않으니 위엄이 생긴다.

가정에서는 가족끼리 서로 용서해야 마음이 평화롭다. 잘잘못을 따지고 서로 헐뜯으면 괴롭다. 너그럽게 용서하는 마음이 평화를 가져온다. 돈을 아무리 많이 벌어도 사치스럽게 생활하면 살림살이가 넉넉해질 새가 없다. 검소함이 넉넉함의 근본이다.

항상 다음을 생각하고 대비하라

處富貴之地 要知貧賤的痛癢
처 부 귀 지 지 요 지 빈 천 적 통 양
當少壯之時 須念衰老的辛酸
당 소 장 지 시 수 념 쇠 로 적 신 산

부귀할 때 가난하고 천할 때의 고통을 헤아려야 하며,
젊고 혈기왕성할 때 기력이 쇠약해진 노년의 쓰라림을 생각해야 한다.

부귀할 때는 가난함을 생각해야 그 부귀를 더욱 오래 누릴 수 있다. 원한을 사지 않도록 매사에 조심하고, 가난한 사람을 도와주면서 덕을 쌓기 때문이다.

혈기왕성한 젊은 시절에 몸을 함부로 쓰면 나이 들어 건강을 잃기 쉽다. 미리 노년의 쓰라림을 생각하며 몸을 잘 관리해야 건강을 오랫동안 누릴 수 있다.

현명한 사람은 현재에만 생각이 머물지 않고, 항상 다음을 생각하고 대비한다. 항상 생각을 깊고 넓게 하여 곤란함에 대비해야 한다.

소인과 군자를 대하는 법

休與小人仇讎 小人自有對頭
휴 여 소 인 구 수   소 인 자 유 대 두
休向君子諂媚 君子原無私惠
휴 향 군 자 첨 미   군 자 원 무 사 혜

소인과 원수가 되지 마라.
소인에게는 나쁜 도적(악덕)이 있다.
군자에게는 아첨하지 말아야 한다.
군자는 원래 사사로운 은혜를 베풀지 않는다.

소인은 편협하다. 옳고 그름을 떠나 자신에게 이익이 되지 않는 상
대에게는 가차 없이 해를 끼친다. 소인을 원수로 삼으면 예상치 못한
공격을 받을 수 있다. 옳고 그름의 판단이 공명정대하지 않은 소인에
대해 지나치게 잘잘못을 따지기보다 포용하는 것이 좋다.

군자는 공명정대하게 모든 일을 처리한다. 사사로운 마음으로 개
인적인 편의를 봐주지 않는다. 군자에게 아첨하면 이익을 얻기는커
녕 오히려 경멸당할 수 있다.

조급함을 내려놓아야 큰 공을 이룬다

磨礪當如百鍊之金 急就者非邃養
마 려 당 여 백 련 지 금   급 취 자 비 수 양

施爲宜似千鈞之弩 輕發者無宏功
시 위 의 사 천 균 지 노   경 발 자 무 굉 공

심신을 닦을 때는 마땅히 쇠를 백번 단련하듯 해야 한다.

급히 이루려는 것은 심오한 수양이 아니다.

어떤 일을 이룬다는 것은 무거운 쇠뇌와 같아서

가볍게 행하면 큰 공을 이룰 수 없다.

모든 일에 조급함을 내려놓아야 크게 이룰 수 있다. 몸과 마음을 닦는 것은 쇠를 단련하듯 오랜 시간 정성을 들여야 한다. 정성을 들이는 시간만큼 내공이 깊어지고, 치밀하게 단련된다. 만약 급하게 이루려고 서두르면 겉모습은 비슷하게 흉내 낼 수 있을지 몰라도, 실전에서는 금세 밑천이 드러난다.

어떤 일을 시행할 때는 무거운 쇠뇌를 쏘는 것처럼 철저하게 준비해서 실수할 여지를 최소화해야 한다. 준비가 부실하면 엉뚱한 방향으로 쇠뇌를 쏘듯 큰 공을 이룰 수 없다.

마음을 비워야 큰일을 할 수 있다

建功立業者 多虛圓之士
건 공 입 업 자 다 허 원 지 사
僨事失機者 必執拗之人
분 사 실 기 자 필 집 요 지 인

공을 세우고 업적을 이루는 사람 중에는 마음을 비운 군자가 많다.
일을 그르치고 기회를 놓치는 사람 중에는 반드시 집요한 사람이 많다.

마음을 비우면 사사로운 이익이나 개인적인 정에 얽매이지 않는
다. 그러면 사물을 보는 견해에 치우침이 없고 판단을 정확하게 할
수 있다. 판단이 정확하니 남들은 그냥 흘려보내는 기회를 잡아 큰
업적을 이룰 수 있다.

일을 이루지 못하는 사람은 작은 것에 집착하고 집요하여 전체적
인 큰 그림을 보지 못한다. 사물을 편협하게 바라보아 기회를 보고도
그것이 기회인 것을 알아차리지 못한다.

마음을 비워내야 사리에 통달하고 큰일을 할 수 있다.

결국 모두 이루어진다

母憂拂意 母喜快心
무 우 불 의 무 희 쾌 심
母恃久安 母憚初難
무 시 구 안 무 탄 초 난

일이 뜻대로 되지 않음을 근심하지 말고
마음의 흡족함을 즐기지 말아야 한다.
오랫동안 편안한 것을 믿지 말고
처음에 어렵다고 꺼리지 말아야 한다.

무슨 일이든 자기 뜻대로 되지 않는다고 해서 근심할 필요 없다. 자기 뜻대로 되지 않는 것은 모두 배움의 과정이다. 몸과 마음을 단련하면서 더 큰 그릇이 되어가는 통과의례인 것이다. 오히려 마음에 흡족한 상황이 계속되는 것을 경계해야 한다. 그런 상황에서는 나태해지고 의지가 약해진다. 그 자리에 머물러 더 이상 발전하기 힘들다.

무슨 일이든 처음에는 곤란함이 있다. 하지만 자신을 갈고닦으면서 포기하지 않으면 결국 모두 이루어진다. 흔들리는 것은 과정일 뿐이다.

욕심부리지 말고 본분에 충실해야 한다

飮宴之樂多 不是個好人家
음 연 지 락 다　불 시 개 호 인 가
聲華之習勝 不是個好士子
성 화 지 습 승　불 시 개 호 사 자
名位之念重 不是個呼臣士
명 위 지 념 중　불 시 개 호 신 사

자주 술 마시고 잔치하는 것을 즐기면 좋은 집안이라 할 수 없다.

좋은 평판을 듣는 습관에 익숙하면 훌륭한 선비라 할 수 없다.

명예와 지위에 대한 생각으로 가득하면 신하라 할 만하지 않다.

좋은 집안은 화려하게 즐기는 것보다 내실을 다지고 배우는 것, 봉사하고 나누는 일에 힘쓴다. 즐기는 일에 많은 시간을 쓰면 재물을 모으거나 정말 중요한 것을 배울 시간이 없다.

훌륭한 선비는 덕을 닦고, 인격을 도야하는 것에 힘쓴다. 남이 자신을 어떻게 평가하는지에 관심이 없다. 남들의 평판에 일희일비하면 훌륭한 선비라 할 수 없다.

좋은 신하는 충성을 다하고 믿음이 가는 사람이다. 일신의 영달, 명예나 지위에 대한 생각으로 가득하다면 딴생각을 품은 것이다.

마음 그릇에 따라 복이 달라진다

仁人心地寬舒 便福厚而慶長 事事成個寬舒氣象
인 인 심 지 관 서　편 복 후 이 경 장　사 사 성 개 관 서 기 상
鄙夫念頭迫促 便祿薄而澤短 事事成個迫促規模
비 부 염 두 박 촉　편 록 박 이 택 단　사 사 성 개 박 촉 규 모

어진 사람은 마음의 바탕이 너그럽고 편안하여

복이 두텁고, 경사가 오래가며, 일마다 너그럽고 편안한 기상을 보인다.

비루한 사람은 생각이 몹시 급하여

복이 박하고, 혜택이 짧게 가며, 일마다 조급한 모양새가 된다.

복은 마음의 그릇에 담긴다. 복을 두텁게 받고 오래 누리려면 자기의 마음 그릇을 키워야 한다. 마음의 바탕, 마음 그릇에 따라 모든 것이 결정되기 때문이다.

조급한 사람은 박복하다. 조급하다는 것은 마음 그릇의 크기가 간장종지처럼 작다는 것이다. 더 많이 담을 수 없으니 빨리 처리하고, 빨리 비워내려고만 한다. 마음이 넓어야 복도 오래, 더 크게 담을 수 있다.

이런 이치를 깨달았다면 마음을 너그럽고 편하게 갖도록 힘써야 할 것이다.

사람을 쓸 때는 넉넉하게 베푼다

用人不宜刻 刻則思效者去
용 인 불 의 각   각 즉 사 효 자 거
交友不宜濫 濫則貢諛者來
교 우 불 의 람   남 즉 공 유 자 래

사람을 쓸 때는 모질고 각박하게 대하면 안 된다.

모질고 각박하게 대하면 공로에 대한 보답을 바라는 사람이 떠나버린다.

친구를 사귈 때 함부로 사귀면 아첨하는 자가 꼬인다.

사람을 쓸 때는 공로에 대한 보상을 넉넉하게 하는 것이 좋다. 개국공신이 반란을 일으키는 이유는 딱 한 가지다. 자기가 공을 세운 것만큼 충분히 보상을 받지 못해 서운하기 때문이다. 사람을 쓰고도 각박하게 대하면 그 사람을 잃는다. 하지만 충분한 보상을 하면 좋은 관계를 유지하면서 언제든 도움을 주는 존재가 된다.

친구는 서로 성장하고 발전하는 데 도움을 줄 수 있는 사람을 만나야 한다. 잘 가려서 사귀어야 잘못된 길로 빠지지 않는다. 특히 좋은 말로 아첨하며 나에게 다가오는 사람은 경계해야 한다. 나에게 얻을 것이 있다고 판단한 소인배일 가능성이 크다.

사람을 대할 때
공경하고 조심스러워야 하는 이유

大人不可不畏 畏大人 則無放逸之心
대인불가불외 외대인 즉무방일지심

小民亦不可不畏 畏小民 則無豪橫之名
소민역불가불외 외소민 즉무호횡지명

대인을 경외하지 않을 수 없다.

대인을 경외하면 제멋대로 함부로 날뛰는 마음이 없어진다.

평범한 사람 또한 경외하지 않을 수 없다.

평범한 사람을 경외하면 세력을 믿고 횡포 부린다는 말을 듣지 않는다.

'외(畏)'는 '두려워한다, 공경하고 조심스럽게 대한다'는 뜻이다. 누군가를 경외한다는 것은 상대를 무시하지 않고 존중하는 것이다.

덕이 있는 사람을 경외하면 그를 본받으려는 마음이 생긴다. 그러면 객기의 충동으로 함부로 날뛰는 마음을 다잡을 수 있다. 평범한 사람을 무시하지 않고 경외하면 내 행동이 어떤 결과를 가져올지 생각할 수 있다. 공감의 영역이 확장되는 것이다. 그러면 자기 힘만 믿고 횡포를 부릴 수가 없다.

상대가 누구든 공경하고 조심스럽게 대해야 실수가 적다.

때로는 남과의 비교도 유용하다

事梢拂逆 便思不如我的人 則怨尤自消
사 초 불 역 편 사 불 여 아 적 인 즉 원 우 자 소
心稍怠荒 便思勝似我的人 則精神自奮
심 초 태 황 편 사 승 사 아 적 인 즉 정 신 자 분

일이 마음대로 잘되지 않을 때 나보다 못한 사람을 생각하라.

그러면 원망과 허물이 저절로 사라진다.

마음이 게으르고 황폐해질 때 나보다 나은 사람을 생각하라.

그러면 정신이 저절로 분발하게 된다.

일이 뜻대로 되지 않으면 부정적인 생각을 하기 쉽다. 남을 탓하고, 자신의 신세를 한탄한다. 이럴 때 내 처지보다 더 좋지 않은 사람을 생각해보면 원망이 저절로 사라진다.

마음이 나태해질 때 나보다 더 뛰어난 사람도 열심히 노력하는 것을 생각하면 다시 분발할 수 있다.

나와 남을 단순하게 비교하는 것은 위험하다. 각자의 처지와 상황이 모두 다르기 때문이다. 비교의 대상은 항상 나 자신이 되어야 한다. 하지만 원망하는 마음을 누그러뜨리고, 분발하기 위해 남과 비교하는 것은 유용하다.

평정심을 잃었을 때 조심해야 한다

不可乘喜而輕諾 不可因醉而生瞋
불 가 승 희 이 경 락 불 가 인 취 이 생 진
不可乘恢而多事 不可因倦而鮮終
불 가 승 회 이 다 사 불 가 인 권 이 선 종

기쁨에 들떠 경솔하게 승낙하지 말고,
술에 취한 것에 기대어 화내지 말아야 한다.
유쾌하다고 일을 많이 벌이지 말고,
권태로 인해 일의 끝맺음을 소홀히 하지 말아야 한다.

지나치게 기쁨에 들떠 있는 상태에서는, 깊게 생각하지 않고 실천할 수 없는 약속을 하기 쉽다. 남의 부탁을 경솔하게 승낙하지 않도록 주의해야 한다. 술에 취했을 때는 감정을 격하게 표현하기 쉽다. 술기운에 기대어 화내면 나중에 후회하게 된다.

유쾌한 상태에서는 객기가 발동해 뭐든 다 할 수 있을 것 같다. 이럴 때에는 일을 많이 벌이는 것을 주의해야 한다. 매너리즘에 빠질 때는 일을 끝맺지 못하기 쉬우니 주의해야 한다.

평정심을 잃었을 때 어떤 결정을 하거나 일을 추진하면 후회할 일이 생기니 항상 조심해야 한다.

타고난 참모습을 보전하라

釣水逸事也 尚持生殺之柄 奕棋淸戱也 且動戰爭之心
조 수 일 사 야 상 지 생 살 지 병 혁 기 청 희 야 차 동 전 쟁 지 심
可見喜事不如省事之爲適 多能不如無能之全眞
가 견 희 사 불 여 생 사 지 위 적 다 능 불 여 무 능 지 전 진

낚시는 즐기는 것인데, 오히려 살리고 죽이는 힘을 쥐고 있다.

바둑은 깨끗한 놀이인데, 전쟁하는 마음을 일으킨다.

일을 좋아하는 것이 일을 줄여서 알맞게 하는 것만 못하고,

재주가 많은 것이 무능해도 참모습을 보전하는 것만 못하다.

낚시는 속세의 일을 잊고 즐기는 것인데, 지나치게 몰입하면 권력에 빠진다. 물고기를 죽이고 살리는 힘을 즐기게 된다. 바둑은 신선들이나 할 법한 놀이지만 의욕이 지나치면 전쟁하듯 상대와 승부를 다툰다. 세속의 가치관을 버리지 못하면 낚시나 바둑을 즐기지 못하고, 본래 의도에서 어긋나게 될 수 있다.

세속에서는 재주 있는 자가 많은 일을 해낼 때 각광받는다. 하지만 너무 많은 일에 휘둘리면 자기의 자유의지에서 벗어나게 된다. 재주가 너무 많아 이리저리 휩쓸리면, 타고난 참모습을 보전하기 힘들다.

모든 사물에서 배울 수 있다

鳥語蟲聲 總是傳心之訣
조 어 충 성 총 시 전 심 지 결

花英草色 無非見道之文
화 영 초 색 무 비 견 도 지 문

學者要天機淸徹 胸次玲瓏 觸物皆有會心處
학 자 요 천 기 청 철 흉 차 영 롱 촉 물 개 유 회 심 처

새의 지저귐과 벌레 소리는 모두 마음을 전하는 비결이며,

꽃잎과 풀빛은 도를 깨닫게 하는 문장이 아닌 것이 없다.

배우는 자는 하늘에서 타고난 기틀을 맑게 하고,

가슴속을 투명하게 하여 사물에 접할 때마다 깨달음을 얻어야 한다.

마음을 열고 바라보면 만물은 서로 연결되어 있다. 새의 지저귐과 벌레 소리, 꽃잎과 풀빛에도 모두 깨달음이 깃들어 있다. 배우려는 자는 타고난 마음을 맑게 하여 세상의 모든 사물에서 깨달음을 얻을 수 있다. 우주는 마음으로 통하기 때문이다.

내가 어떤 마음으로 사물을 경험하는지에 따라 깨달음을 얻을 수도 있고, 아무런 의미 없는 체험이 될 수도 있다. 원효대사는 해골에 고인 물을 마시고 깨달음을 얻었지만 누군가에게는 그런 체험이 그저 재수 없이 더러운 물을 마신, 좋지 않은 기억일 뿐이다.

정신의 참모습을 깨달아야 한다

人解讀有字書 不解讀無字書 知彈有絃琴 不知彈無絃琴
인 해 독 유 자 서　불 해 독 무 자 서　지 탄 유 현 금　부 지 탄 무 현 금
以跡用 不以神用 何以得琴書佳趣
이 적 용　불 이 신 용　하 이 득 금 서 가 취

사람들은 글자가 있는 책은 읽지만 글자가 없는 책을 읽지 못하며,

현이 있는 거문고는 타지만 현 없는 거문고는 타지 못한다.

형상은 쓸 줄 알지만 정신은 쓸 줄 모르니

어찌 거문고와 책의 멋있는 흥취를 터득하겠는가?

책은 먼저 세상을 살다간 사람들이 세상에 대해 보고 깨달은 바를 기록한 것이다. 책을 읽는 것은 세상을 이해하는 데 도움이 되지만 그게 전부는 아니다. 실제 세상과 정신의 참모습을 스스로 체험하고, 깨닫는 것이 더 중요하다. '글자 없는 책을 읽는 것'이 바로 그것이다. 스스로 세상을 읽어야 한다.

거문고는 현을 튕겨야 소리가 나지만 높은 경지에 이르면 현이 없이도 거문고 자체에 깃든 흥취를 얻을 수 있다. 겉으로 보이는 물질과 현상 이면의 본질과 정신을 깨달으면 세상을 보는 눈이 달라진다.

그림자 밖의 그림자를 좇지 마라

山河大地已屬微塵 而況塵中之塵
산하대지이속미진 이황진중지진
血肉身軀且歸泡影 而況影外之影
혈육신구차귀포영 이황영외지영
非上上智 無了了心
비상상지 무요료심

산하와 대지도 이미 작은 티끌에 속하는데,

하물며 티끌 중 티끌(사람)은 어떻겠는가?

육신 또한 물거품과 그림자로 돌아가는데,

하물며 그림자 밖의 그림자(사람의 추구하는 것)는 어떻겠는가?

최고의 지혜가 아니면 밝게 알 수 없는 일이다.

산하와 대지도 결국 티끌의 집합체에 불과하다. 그보다 작은 사람은 말해 무엇할 것인가?

이렇게 보면 사람의 몸은 거품이나 그림자와 같다. 사람이 추구하는, 그림자 밖의 그림자라고 할 수 있는 것들, 즉 물질이나 이익, 부귀영화는 더욱더 허망하다. 사람에게 속한 것은 모두 영원할 수 없는 것이다. 이런 것을 좇느라 일평생을 분주하게 보내는 것보다 최상의 지혜, 깨달음을 추구하는 것이 현명하지 않을까?

초탈한 마음으로 세상을 바라보면

石火光中 爭長競短 幾何光陰
석 화 광 중　쟁 장 경 단　기 하 광 음
蝸牛角上 較雌論雄 許大世界
와 우 각 상　교 자 논 웅　허 대 세 계

돌끼리 부딪쳐 생기는 빛 속에서 길고 짧음을 경쟁하니,
얼마나 긴 시간이겠는가?
달팽이 뿔 위에서 자웅을 겨루니 얼마나 큰 세상이겠는가?

돌끼리 부딪쳐서 일어나는 불꽃은 오래가지 않는다. 잠깐 번쩍이
고 사라져버린다. 그 짧은 시간에 길고 짧음을 경쟁하는 것이 우리
네 인간의 삶이다. 달팽이 뿔 위는 굉장히 좁다. 그 위에서 자웅을 겨
루며 땅따먹기 싸움을 하는 것이 삶의 본질이다. 좁은 세상에서 옳고
그름을 따지면서 서로 싸우고 죽인다.

이렇게 초탈한 마음으로 세상을 바라보면 삶은 허망하다. 하지만
그런 허망함 속에서 허우적대면 안 된다. 각자에게는 태어난 목적이
있고 삶을 충실하게 살아가야 할 의무가 있다. 가치 있는 삶을 살아
야 한다. 남과 허망한 경쟁을 하거나, 남의 인생을 살지 말고, 나답게
충만하게 살아가야 한다.

뜻이 큰 사람에게 세상은 넓다

延促由於一念 寬窄係之寸心
연촉유어일념 관착계지촌심

故機閒者 一日遙於千古 意寬者 斗室廣於兩間
고기한자 일일요어천고 의관자 두실광어양간

길고 짧음이 한결같은 생각에서 말미암고, 넓고 좁음이 마음에 달려 있다.

그러므로 마음이 한가한 자는 하루를 천 년보다 길게 여기고

뜻이 넓은 자는 좁은 방을 하늘과 땅 사이보다 넓게 느낀다.

시간은 사람의 생각에 따라 길어지기도 하고 짧아지기도 한다. 공간도 의식에 따라 넓어지기도 하고 좁아지기도 한다. 내 마음의 여유에 따라 달라진다.

시간과 공간의 한계는 내 의식의 한계다. 긴 시간을 짧게 만들고, 넓은 공간을 좁게 만드는 것은 나의 좁아터진 생각이다. 뜻이 작고 스스로 의식을 가두어버리기 때문이다. 뜻이 큰 사람에게 세상은 넓고 일하기에도 충분한 시간이 있다. 우주가 나를 도와준다. 그렇지 않은 사람에게 세상은 좁아서 답답하고, 무엇을 하기에 제약이 많다. 세상은 나를 위해 존재하지 않는 것처럼 느껴지는 것이다.

모든 것은 내 마음에 달려 있다.

고요한 곳에서 편안함을 지켜라

趨炎附勢之禍 甚慘亦甚速
추 염 부 세 지 화 심 참 역 심 속
棲恬守逸之味 最淡亦最長
서 염 수 일 지 미 최 담 역 최 장

불꽃을 뒤쫓고, 권세에 빌붙다가 입는 화는 매우 참혹하고 빠르다.

고요함에 깃들어 편안함을 지키는 맛은 가장 담박하고 오래간다.

권세는 불꽃과 같다. 뜨겁고 강렬해 모든 것을 지배할 것 같아도, 꺼질 때는 한번에 훅 꺼져버린다. 권세는 금방 뒤집힐 수 있기 때문이다.

불꽃을 뒤쫓다가 잠깐 정신을 놓으면 불에 데기 쉽다. 권세가의 변덕은 아무도 예측할 수 없기 때문이다. 욕망과 이익을 좇으며 자기의 본래 기개를 잃어버리면 한순간에 모든 것을 잃고 비참한 모습이 될 수 있다.

명예와 이익을 뒤로하고 고요함 속에서 자기 본성을 지키면서 편안하게 지내는 맛은 강렬하지는 않지만 은은하게 오래간다.

죽음을 생각하라

色慾火熾 而一念及病時 便興似寒灰
색 욕 화 치　이 일 념 급 병 시　편 흥 사 한 회

名利飴甘 而一想到死地 便味如嚼蠟
명 리 이 감　이 일 상 도 사 지　편 미 여 작 랍

故人常憂死慮病 亦可消幻業 而長道心
고 인 상 우 사 여 병　역 가 소 환 업　이 장 도 심

색욕이 불꽃처럼 타올라도 병이 드는 때에 생각이 미치면
문득 식은 재와 같이 흥이 사라진다.
명예와 이익이 엿처럼 달지만 죽음에 생각이 미치면
문득 그 맛이 밀랍을 씹는 것과 같다.
그러므로 사람이 항상 죽음을 근심하고 병을 생각하면
헛된 생각이 사라지고 도의 마음을 키울 수 있다.

사람이 쇠약해져 병에 걸릴 수 있다는 것과 언젠가는 죽음을 맞이한
다는 사실을 잊지 않으면, 헛된 일에 기운을 낭비하지 않을 수 있다.

혈기왕성한 젊은 시절에는 마치 그 순간이 영원할 것처럼 방탕하
게 즐긴다. 크게 이익을 얻을 수 있다면 건강을 해쳐서라도 일에 매
진한다. 하지만 젊음과 건강은 영원하지 않다. 이것을 항상 기억해야
색욕이나 명예, 이익 같은 헛된 가치를 위해 살지 않는다.

마음 다스리는 데 힘써야 한다

貪得者分金恨不得玉 封公怨不授侯 權豪自甘乞丐
탐 득 자 분 금 한 부 득 옥　봉 공 원 불 수 후　권 호 자 감 걸 개
知足者藜羹旨於膏粱 布袍煖於狐貉 編民不讓王公
지 족 자 여 갱 지 어 고 량　포 포 난 어 호 학　편 민 불 양 왕 공

얻기를 탐하는 사람은 금을 가져도 옥을 얻지 못해 한탄하고,

후작에 봉해져도 공작을 얻지 못해 원망하며,

권세가 있고 부유하면서도 거지 같은 생활을 달게 여긴다.

만족할 줄 아는 사람은 나물국을 진귀한 음식보다 맛있게 먹고,

삼베옷을 여우와 오소리 가죽으로 만든 옷보다 따뜻하게 여기며,

평민임에도 왕공에게 굽신거리지 않는다.

　물질적인 욕심은 아무리 채워도 만족이라는 것이 없다. 이것을 손에 넣으면 저것을 갖고 싶고, 저것을 가지면 또 다른 것이 눈에 들어온다. 그러니 아무리 권세가 있고 부유하더라도 마음은 거지와 같다.

　가진 것에 만족할 줄 알면 평범한 나물국도 산해진미처럼 먹고, 삼베옷을 따뜻하게 여긴다. 마음이 부자이니, 그 누구에게도 아쉬운 말을 하지 않고 당당하게 살아갈 수 있다. 물질을 채우려 힘쓰지 말고, 오직 마음 다스리기에 힘써야 할 것이다.

탐욕과 집착을 내려놓아야 한다

山林是勝地 一營戀 便成市朝
산 림 시 승 지 일 영 련 편 성 시 조
書畫是雅事 一貪痴 便成商賈
서 화 시 아 사 일 탐 치 편 성 상 고

산림은 경치가 좋은 곳이지만 한번 미혹되면 시장터가 된다.

글과 그림은 우아한 취미지만 한번 탐하는 어리석음에 빠지면 장사꾼이

된다.

고즈넉한 산속에서의 풍취를 즐기는 것은 우아하다. 하지만 그 풍

경에 미혹되어 집착하면 속세에서 욕심내는 것과 다를 것이 없다. 몸

은 산림 속에 있더라도, 마음에 소유욕이 자리 잡으면서, 이익을 탐하

고 계산하는 시장에 있는 것과 똑같아진다.

글과 그림도 순수한 마음으로 즐기면 고상한 취미다. 하지만 그것

을 탐하면 값을 매기고 비교하게 된다. 장사꾼의 마음이 되어버리는

것이다.

몸을 둔 장소가 중요한 것이 아니다. 마음에 무엇이 걸려 있느냐에

따라 처한 곳에서 느끼는 것이 달라진다. 자기가 서 있는 장소를 바

꾸려 하지 말고 마음을 바꾸려고 해야 한다.

시끄러움과 혼잡함에서 멀어져야 한다

時當喧雜 則平日所記憶者 皆漫然忘去
시 당 훤 잡 즉 평 일 소 기 억 자 개 만 연 망 거
境在清寧 則夙昔所遺忘者 又怳爾現前
경 재 청 녕 즉 숙 석 소 유 망 자 우 황 이 현 전

떠들썩하고 어수선한 때에는
평소 기억하던 것도 모두 막막히 잊어버리고,
깨끗하고 편안한 곳에 머물면
예전에 잊어버린 것도 어슴푸레하게 눈앞에 떠오른다.

주변 환경이 떠들썩하면 마음과 정신도 함께 혼란스러워진다. 원래 알고 있던 것도 잘 기억나지 않고, 평소에 잘 하던 일도 실수하게 된다. 지나치게 시끄러운 장소는 심리적인 안정에 도움이 되지 않으니 피해야 한다. 잠시 즐기기 위해 콘서트장이나 영화관을 방문할 수는 있겠지만 그런 경우가 아니라면 평소에는 되도록 조용한 곳에서 지내는 것이 좋다.

깨끗하고 조용한 곳에서는 마음과 정신도 맑아진다. 많은 시간을 보내는 곳을 잘 정리하고, 시끄러운 곳에서 멀어져야 맑은 정신과 편안함을 지킬 수 있다.

세상을 잘 헤쳐 나가는 것이
벗어나는 길이다

出世之道 卽在涉世中 不必絶人以逃世
출세지도 즉재섭세중 불필절인이도세
了心之功 卽在盡心內 不必絶慾以灰心
요심지공 즉재진심내 불필절욕이회심

속세에서 벗어나는 길은 세상을 잘 헤쳐 나가는 데 있으니,

반드시 사람과 관계를 끊고 세상에서 도피해야 하는 것은 아니다.

마음을 깨닫는 공은 마음을 다하는 데 있으니,

반드시 욕망을 끊고 마음을 죽일 것은 아니다.

속세를 벗어나겠다고 모든 관계를 끊고 산속이나 외국으로 도망가는 것은 하나만 알고 둘은 모르는 행동이다. 속세를 이기는 길은 그 속에서 탐욕이나 집착에 얽매이지 않고, 자기 마음을 지켜내며 살아가는 것이다. 몸만 도망간다고 벗어나는 것이 아니다.

깨달음은 식은 재처럼 욕망을 없애버리는 것이 아니라, 내면에서 일어나는 모든 감정과 욕망을 그대로 바라보고 흘려보내어 집착하지 않는 것이다.

미끼에 걸려들지 않는 방법

我不希榮 何憂乎利祿之香餌
아 불 희 영 하 우 호 이 록 지 향 이
我不競進 何畏乎仕官之危機
아 불 경 진 하 외 호 사 관 지 위 기

내가 영화를 바라지 않으면
어찌 이익과 녹봉의 유혹을 근심하겠는가?
내가 출세하려고 다투지 않으면
어찌 관직이 위태로운 것을 두려워하겠는가?

이익과 녹봉은 관직으로 사람을 유혹하기 위한 미끼다. 내가 관직을 통해 영화를 누리겠다는 생각이 없다면 이익과 녹봉의 유혹을 근심할 이유가 없다. 내가 욕심이 있으니 근심하는 것이다. 관직의 위태로움을 두려워하는 것도 출세의 욕망이 있기 때문이다. 굳이 출세하려는 생각이 없다면 그것을 두려워할 이유가 없다.

모든 근심과 두려움은 욕심 때문에 생긴다. 욕심 때문에 미끼를 물게 된다. 미끼에 걸려들지 않는 방법은 바로 욕심을 내지 않는 것이다.

육신이 '나'라는 집착에서 벗어나라

前人云 不復知有我 安知物爲貴
전인운 불부지유아 안지물위귀
又云知身不是我 煩惱更何侵 眞破的之言也
우운지신불시아 번뇌경하침 진파적지언야

옛사람이 말하기를,

"내가 있다는 것을 알지 못하면 어찌 사물의 귀함을 알겠는가?"

또한, "육신이 내가 아님을 알면 번뇌가 어찌 침입하겠는가?"라 했다.

참으로 핵심을 꿰뚫는 말이다.

모든 애착과 번뇌는 '내 몸이 곧 나'라는 착각 때문에 생긴다. 그 때문에 내 몸에 집착한다. 잘 먹어야 하고, 잘 입어야 하고, 잘 지내야 한다. 그러려면 부유함과 권력이 필요하다. 남과 나는 완전히 다른 몸이기에 완전히 다른 존재라고 생각한다. 그래서 부와 권력을 추구하는 과정에서 나와 다른 존재인 남을 해치기도 한다. 하지만 그것이 어떤 의미인지 정확히 알아차리지 못한다.

육신에 대한 집착에서 벗어나면 나와 남이 다르지 않다는 깨달음을 얻는다. 내가 남에게 행하는 것은 결국 나에게 행하는 것임을 안다. 부귀와 권력보다 타인에 대한 관대함과 사랑을 실천할 수 있다.

사람의 욕망은 끝이 없다

猛獸易伏 人心難降
맹 수 이 복　인 심 난 항
谿壑易塡 人心難滿
계 학 이 전　인 심 난 만

맹수는 굴복시키기 쉽지만 사람 마음은 항복시키기 어렵고,
계곡을 메우기는 쉽지만 사람 마음은 채우기 어렵다.

사람의 욕망은 끝이 없다. 커다란 계곡은 수백 년 동안 흙을 옮겨 부으면 메워질 수도 있다. 하지만 끝없이 커지는 사람의 욕심은 채우기 어렵다. 물질로 욕심을 채우려는 시도는 어리석다. 욕망의 수준을 조정하는 것이 현명하다.

한 사람의 마음을 항복시키기 위해서는 그를 인간 존재의 본질에 대한 사색으로 이끌어야 한다. 스스로 자기 존재에 대한 명확한 깨달음을 얻어야 끊임없는 욕망이라는 것이 얼마나 허망한 것인지 알 수 있다. 누구나 죽음을 맞이한다는 것, 육신을 유지하는 것 이외에 더 중요한 가치가 있다는 것을 깨달아야 한다.

영원히 강하고 약한 것은 없다

盛衰何常 强弱安在
성 쇠 하 상　강 약 안 재
念此 令人心灰
염 차　영 인 심 회

흥함과 쇠함이 어찌 영원하겠으며,
강함과 약함이 어찌 정해져 있겠는가?
이것을 생각하면 마음이 재가 된다.

한때 강성했던 옛 문명의 자취를 보면 씁쓸하다. 전쟁에서 이기고
돌아온 개선장군의 그 기쁨은 길가의 돌덩이만이 기억하고 있고, 주
변 수많은 나라의 조공을 받아 부유했던 도시의 영광은 무너진 신전
기둥만이 증명해준다. 영원히 강성하고 영원히 쇠약한 나라는 없다.
나라의 흥망성쇠는 구름이 모였다 흩어지듯 예측할 수 없다.

개인의 삶도 이와 같다는 것을 깨닫는다면 이익과 권력을 추구하
는 마음이 재처럼 식어버릴 것이다.

부귀영화만 탐하는 어리석음

晴空朗月 何天不可翺翔 而飛蛾獨投夜燭
청공낭월 하천불가고상 이비아독투야촉
清泉綠卉 何物不可飲啄 而鴟鴞偏嗜腐鼠
청천록훼 하물불가음탁 이치효편기부서
噫世之下爲飛蛾鴟鴞者 幾何人哉
희세지하위비아치효자 기하인재

맑은 하늘과 환한 달 어느 하늘이든 날 수 있을 것인데
불나방은 홀로 등잔불로 뛰어든다.
맑은 샘물과 푸른 대나무 무엇이든 먹을 수 있을 것인데
올빼미는 기어코 썩은 쥐를 즐긴다.
아! 세상에 불나방과 올빼미처럼 되지 않는 사람이 얼마나 되겠는가?

불나방은 어디든 날아다닐 자유가 있다. 하지만 어리석게도 등잔
불에 집착하다 타 죽는다. 올빼미는 무엇이든 먹을 자유가 있다. 그
런데 유독 썩은 쥐를 먹는다. 사람도 이 넓은 세상을 자유롭게, 다르
게 살아갈 방법이 많은데 부귀영화에 일생을 바치다 허망하게 불타
버린다.

시야를 확장하고 다르게 보면 세상은 가능성의 장이고, 할 일은
무궁무진하다. 부귀영화만을 탐하는 어리석음에서 벗어나야 한다.

본질을 바라보라

權貴龍驤 英雄虎戰 以冷眼視之 如蠅聚羶 如蟻競血
권 귀 용 양 영 웅 호 전 이 냉 안 시 지 여 승 취 전 여 의 경 혈
是非蜂起 得失蝟興 以冷情當之 如冶化金 如湯消雪
시 비 봉 기 득 실 위 흥 이 냉 정 당 지 여 야 화 금 여 탕 소 설

권세와 부귀가 용처럼 날뛰고 영웅들이 범처럼 싸우는데,

냉정한 눈으로 보면 파리가 누린내를 찾아 모여들고,

개미가 피를 놓고 다투는 것과 같다.

시비를 따지는 일이 곳곳에서 일어나고,

득과 실을 따지는 일이 고슴도치 털처럼 일어나도

냉정한 감정으로 대하면 풀무가 쇠를 녹이고,

뜨거운 물이 눈을 녹이듯 사라진다.

역사를 들여다보면 권세와 부귀를 누리는 자들이 힘을 겨루고, 내로라하는 영웅들이 재주를 뽐내며 다투었다. 천하의 대세를 바로잡고 일세를 풍미하지만, 세상을 초탈한 도인의 눈에는 그저 파리 떼가 누린내에 모여들고, 개미가 먹이를 두고 다투는 것과 다를 바 없다. 시비를 가리고 이해득실을 따지는 일도, 그 본질은 중요치 않은 각자의 이익에 있다.

사물에 지배당하면 자유롭지 못하다

以我轉物者 得固不喜 失亦不憂 大地盡屬逍遙
이 아 전 물 자 득 고 불 회 실 역 불 우 대 지 진 속 소 요
以物役我者 逆固生憎 順亦生愛 一毛便生纏縛
이 물 역 아 자 역 고 생 증 순 역 생 애 일 모 편 생 전 박

자신이 주체가 되어 사물을 변화시키는 사람은
얻는다 해도 기뻐하지 않고, 잃어도 또한 근심하지 않으며,
대지 위를 한가하게 걸어 다닌다.
사물에 부림을 당하는 사람은 뜻대로 안 되면 미워하고,
뜻대로 되면 애착을 가져 털끝만 한 것에도 속박된다.

자기가 주인이 되어 외부의 사물을 부리는 사람은 사물을 얻고 잃음에 일희일비하지 않는다. 사물이 나에게 오면 자연스럽게 얻고, 떠나면 그저 잃는 것이지 감정의 동요를 일으키지 않는다. 사물에 부림을 당하지 않으니 소유한 물건과 재물이 많든 적든 상관없다. 언제나 평상심을 유지하면서 한가롭게 놀이하듯 살아간다.

사물은 나에게 잠시 왔다가 떠나는 손님과 같다. 사물에 정신을 뺏기고 집착하는 순간 정신의 자유를 잃고, 주인으로 살아갈 수 없게 된다.

태어나기 전과 죽은 후를 생각해보라

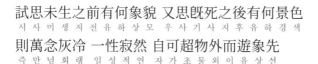

試思未生之前有何象貌 又思旣死之後有何景色
시 사 미 생 지 전 유 하 상 모   우 사 기 사 지 후 유 하 경 색
則萬念灰冷 一性寂然 自可超物外而遊象先
즉 만 념 회 랭   일 성 적 연   자 가 초 물 외 이 유 상 선

태어나기 전 어떤 모습이었을지 생각해보라.

또한, 죽은 후에 어떤 행색일지 생각해보라.

그러면 만 가지 생각이 재처럼 식어버리고,

한결같은 성품이 고요하게 남을 것이니,

스스로 사물을 초월하고 형상 이전의 세상에서 노닌다.

태어나기 전에는 아무런 형상이 없다. 죽은 뒤에도 마찬가지로 육체는 사라지고 만다. 겉모습은 오직 살아 있을 때만 일시적으로 드러나는 것이다. 그런데 사람은 100년 전후의 짧은 삶 속에서 겉으로 드러나는 형상을 서로 비교하고, 그것을 꾸미느라 많은 시간을 보낸다.

삶 이전과 죽음 이후를 생각한다면 이 세상에서 형상의 구별이 무의미해진다. 겉모습은 계속해서 변하는 허상이다. 자기의 본성만이 유일하게 존재하는 것이다. 깨달음을 얻은 자는 사물과 형상에 집착하지 않고, 형상이 나뉘기 전의 세상에서 소요한다.

239

꾸준히 노력하고 내맡겨라

繩鋸木斷 水滴石穿 學道者須要努力
승거목단 수적석천 학도자수요노력
水到渠成 苽熟蔕落 得道者一任天機
수도거성 고숙체락 득도자일임천기

노끈으로 톱질해도 나무는 잘리고,

물방울이 떨어져 돌에 구멍을 뚫으니,

모름지기 도를 배우는 자는 노력해야 한다.

물이 흘러 개천을 이루고, 열매가 익으면 꼭지가 떨어지니,

도를 얻으려는 자는 하늘의 뜻에 모두 내맡겨야 한다.

무슨 일이든 꾸준히 노력하면 지금보다는 더 나아지는 결과를 얻을 수 있다. 단단한 쇠로 만든 톱이 아닌, 노끈으로도 나무를 자를 수 있다. 세상에서 가장 약해 보이는 물방울도 돌에 구멍을 뚫을 수 있다. 뜻을 집중하고 노력하면 불가능해 보이는 일도 이룰 수 있다.

하지만 노력하면서 결과에 집착해서는 안 된다. 결과는 하늘에 맡겨야 한다. 나에게 가장 좋은 방식으로 결과가 나온다는 것을 믿고 내맡겨야 한다. 노력하되 집착하지 않는 것, 그것이 가장 현명한 삶의 방식이다.

인생의 무대를 초월한 위치에 있어야 한다

人生原是傀儡
인 생 원 시 괴 뢰
一毫不受他人提掇 便超出此場中矣
일 호 불 수 타 인 제 철   편 초 출 차 장 중 의

인생은 원래 인형극이다.
조금도 다른 사람의 조종을 받지 않고
이 무대를 초월한 위치에 있어야 한다.

삶은 연극과 같다. 우리는 각자 자기만의 시나리오를 갖고, 이 세상에 태어나 정해진 배역을 맡아, 연극 속에 몰입한다. 대강의 줄거리는 정해져 있지만 연기하면서 애드립도 가능하다. 즉, 생각해둔 시나리오는 있지만 그것대로 할지, 바꿀지는 자유의지에 달려 있는 것이다. 내가 내 삶의 감독이자 주연이다. 나를 제멋대로 조종할 수 있는 외부의 존재란 없다. 오직 나의 선택에 따라 이 연극에서의 경험을 선택할 수 있다. 이 무대에 몰입하되, 때로는 무대를 초월하여 객관적으로 관찰하는 시선을 가질 수 있어야 한다.

집착하지 않아야 자연스럽게 합치된다

放得功名富貴之心下 便可脫凡
방 득 공 명 부 귀 지 심 하 편 가 탈 범
放得道德仁義之心下 纔可入聖
방 득 도 덕 인 의 지 심 하 재 가 입 성

공명과 부귀를 얻으려는 마음을 놓아버려야
세속의 범상한 세계에서 벗어날 수 있고,
도덕과 인의를 얻으려는 마음을 놓아버려야
성인의 경지에 들어갈 수 있다.

부귀와 공명을 얻으려는 탐욕에 사로잡혀 있으면 두려움, 시기, 질
투 등 여러 감정에 지배당해 정신이 자유로울 수 없다. 인의와 도덕
을 얻으려는 마음도 겉으로는 좋아 보일지 몰라도, 본질은 욕심이다.
그것에 얽매이면 인의와 도덕의 노예가 될 뿐이지 더 이상 발전이 어
렵다.

무엇에든 집착하는 마음을 놓아버려야 한다. 욕심에서 자유로워
지고 텅 빈 마음을 가져야 더 높은 경지에 자연스럽게 합치되는 길을
갈 수 있다.

사람을 포용하는 길

不責人小過 不發人陰私 不念人舊惡
불 책 인 소 과 불 발 인 음 사 불 념 인 구 악

三者可以養德 亦可以遠害
삼 자 가 이 양 덕 역 가 이 원 해

남의 작은 허물을 책망하지 말고,

남의 비밀을 들춰내지 말고,

남의 과거의 악행을 생각하지 말라.

이 세 가지를 행하면 덕을 기를 수 있고, 해악을 멀리할 수 있다.

남의 사소한 잘못을 들춰내어 시시콜콜 따지면, 그 사람은 수치스러워 앙심을 품게 된다. 남이 숨기는 일에는 이유가 있다. 그런데 그것을 지켜주지 않으면 서운한 마음을 품을 것이다. 누구나 잘못을 할수 있다. 과거의 잘못을 잊지 않고 주홍글씨를 새기면, 상대가 마음을 열지 않을 것이다.

사람을 포용하려면 작은 허물을 품어주고, 드러내기 싫어하는 비밀을 지켜주고, 과거의 잘못을 더 이상 생각하지 말아야 한다. 이렇게 하면 나의 덕을 기르고, 사람을 내 편으로 만들어, 원한에서 비롯될 수도 있는 해악을 멀리할 수 있다.

냉정한 시선을 가져라

君子宜淨拭冷眼 愼勿輕動剛腸
군 자 의 정 식 냉 안 신 물 경 동 강 장

군자는 마땅히 눈을 깨끗이 닦아 냉정한 시선을 가져야 하고,
마음을 삼가 번뇌에 물든 완고한 마음이 가볍게 일어나지 않도록 해야
한다.

세상을 보는 눈을 항상 편견이나 욕심 없이 깨끗하게 하려 노력해
야 한다. 마음속에서 욕심이 일어나면 세상을 냉정하게 바라볼 수 없
다. 무언가를 욕망하는 이글거리는 눈으로는 세상을 있는 그대로 보
기 힘들다.

편협한 시각과 욕망으로 세상과 사물을 바라보면 삶은 왜곡된다.
마치 색깔이 있는 안경을 낀 것과 같다. 빨간색 안경을 끼고 보면 세
상이 빨갛고, 파란색 안경을 끼고 보면 세상이 파랗다. 사사로운 이
익을 원하면 남을 속여서라도 자기 욕심을 채울 길이 보인다. 부정적
인 시각으로 세상을 살아가면 불평불만이 늘어간다.

선행의 대가는
언젠가 반가운 손님처럼 찾아온다

爲善不見其益 如草裡冬瓜 自應暗長
위 선 불 견 기 익 여 초 리 동 과 자 응 암 장
爲惡不見其損 如庭前春雪 當必潛消
위 악 불 견 기 손 여 정 전 춘 설 당 필 잠 소

좋은 일을 하면 그 이익이 당장 보이지 않지만
풀 속에 동과가 자라듯 모르는 사이 이익이 자라고,
악한 일을 하면 그 손실이 당장 보이지 않지만
뜰 앞의 봄눈이 녹듯 모르는 사이 손실이 커진다.

좋은 일을 한다고 해서 바로 좋은 대가를 받을 수 있는 것은 아니다. 하지만 언제, 어떤 방식으로든 보답을 받을 수 있다. 악한 일도 마찬가지다. 악한 일을 했다고 해서 곧바로 어떤 벌을 받거나 손실이 나는 것은 아니지만 언젠가는 손해를 입는다.

그러니 선행을 하면 그 대가를 바라지 말고 마음속에서 놓아버리는 것이 현명하다. 지금 당장 어떤 이익을 얻을 수 없을 가능성이 크다. 하지만 그 대가가 언젠가는 반가운 손님처럼 찾아올 것이다.

껍데기만 흉내 내지 마라

能脫俗 便是奇 作意尚奇者 不爲奇 而爲異
능 탈 속 편 시 기 작 의 상 기 자 불 위 기 이 위 이

세속을 벗어날 수 있으면 곧 기인이지만
기이한 것을 일부러 숭상하는 사람은
기인이 아니라 이상한 사람일 뿐이다.

깨달음을 얻은 사람은 때때로 세속의 가치를 벗어난 행동을 한다. 그런 모습이 세속 사람들의 눈에는 기이하게 보인다. 하지만 그 기이한 껍데기만을 좇는 것은 진짜가 아니다. 깨달은 척 흉내를 내는 그저 이상한 사람일 뿐이다.

깨달은 사람의 껍데기만 흉내 내려고 하면 안 된다. 자기 본성에 우러나오는 행동이라야 진실하다. 어떤 이는 깨닫고 나서 파격적이고, 어떤 이는 온화하다. 겉으로 드러나는 모습은 하나의 방편이고 개개인의 취향과 개성일 뿐이다.

일을 맡으면 그 속에 빠져야 한다

議事者身在事外 宜悉利害之情
의 사 자 신 재 사 외 의 실 이 해 지 정

任事者身居事中 當忘利害之慮
임 사 자 신 거 사 중 당 망 이 해 지 려

일을 논의하는 사람은 몸을 일 밖에 두고,

이해관계의 실정을 모두 다 파악해야 한다.

일을 맡은 사람은 몸을 일 중심에 두고,

이해관계에 대한 생각을 잊어야 한다.

일에 대해 논의하고 판단하는 사람은 그 일과는 한 걸음 떨어져 있어야 한다. 그래야 객관적이고, 공정한 눈으로 실정을 모두 파악하여 판단할 수 있다.

하지만 실제로 그 일을 하는 사람은 몸을 일 중심에 두어야 한다. 일을 책임진 사람이 한 발만 걸치고 있거나 일 밖에 몸을 두고 있으면 제대로 일을 추진할 수 없다. 수영하려는 사람은 물에 풍덩 뛰어들어야지 발끝만 물에 담갔다, 뺐다 해서는 아무것도 할 수 없다. 일을 추진하는 사람은 그 일과 하나 되어 남의 일이 아닌, 내 일로 여겨야 하는 것이다.

소인에게는 차라리 비방을 받아라

寧爲小人所忌毁 毋爲小人所媚悅
영 위 소 인 소 기 훼　무 위 소 인 소 미 열
寧爲君子所責修 毋爲君子所包容
영 위 군 자 소 책 수　무 위 군 자 소 포 용

차라리 소인의 비방을 받을지언정 아부를 받지 말고,
차라리 군자의 책망을 받을지언정 포용을 받지 마라.

소인은 자기보다 잘난 사람을 인정하지 않는다. 성공한 사람에게
진심으로 박수 보내지도 않는다. 오히려 시기하고 비방한다. 반면,
자기가 이익을 추구하는 데 도움이 되는 사람에게는 꿀처럼 달콤한
말로 아부한다. 소인의 아부를 받는다는 것은 그들에게 이용당할 수
있다는 것이다. 그러니 소인의 비방을 받을지언정 아부를 받지 말아
야 한다.

군자는 어리석은 사람은 포용하지만 말을 알아들을 만한 사람의
잘못을 보면 책망한다. 그러니 군자의 책망을 받는 것은 최소한 크게
어리석지는 않다는 뜻이고, 허물을 고칠 수 있는 기회를 얻은 것이라
할 수 있다.

언어의 덫에 걸리지 않도록 주의하라

善讀書者 要讀到手舞足蹈處 方不落筌蹄
선 독 서 자 요 독 도 수 무 족 도 처 방 불 락 전 제

책을 잘 읽으려면
손발이 춤을 출 경지에 이르러야
비로소 통발이나 덫에 떨어지지 않는다.

통발이나 덫은 물고기와 짐승을 잡기 위한 수단이다. 마찬가지로 책과 문자는 진리와 이치를 이해하고 깨닫기 위한 수단이다. 물고기와 짐승을 잡고 나면 통발과 덫을 치워버려야 하듯, 진리와 이치를 이해하고 깨달았다면, 책과 문자에 더 이상 의존하지 말아야 한다.

책을 읽을 때는 문자 너머에 있는 깊은 뜻을 잘 숙고해서 깨우치려고 노력해야 한다. 독서를 통해 심오한 뜻에 통하면 자기도 모르게 손발이 춤을 추게 된다. 하지만 이렇게 깊이 있는 독서를 하지 않고 얄팍한 독서에만 빠져 있으면 언어의 덫에 걸려 헤매기 쉽다.

문자는 길이 되기도 하지만 덫이 되기도 한다.

마음의 문을 잘 지켜야 한다

口乃心之門 守口不密 洩盡眞機
구 내 심 지 문 수 구 불 밀 설 진 진 기

입은 마음의 문이니 엄밀하게 지키지 않으면,
마음속 참된 기틀이 다 새어 나간다.

　말은 마음의 소리고, 입은 그 소리가 나가는 문이다. 솔직한 것은
좋지만 마음속에 깊이 감춰놓은 진심이 모두 새어 나가는 것은 위험
하다. 세상이 군자들로 가득하다면 속마음을 밝힌다 한들 해가 될 것
이 없겠지만 실상은 소인들로 가득하기 때문이다.

　소인들은 두려움에 휩싸여 있다. 자기에게 이익이 되지 않는 것에
대해서는 민감하게 반응하고, 불이익을 겪지 않기 위해 사람을 해치
기도 한다. 소인들에게 뜻밖의 화를 당하지 않으려면 입을 엄밀하게
지켜야만 한다.

유혹에 빠지지 않을까 근심하라

君子處患難 而不憂 當宴遊 而惕慮
군 자 처 환 난 이 불 우 당 연 유 이 척 려
遇權豪 而不懼 對惸獨 而驚心
우 권 호 이 불 구 대 경 독 이 경 심

군자는 환난에 처하더라도 근심하지 않으나
연회나 유흥에 처하면 두려워 염려한다.
권력자나 부호를 만나도 두려워하지 않으나
의지할 데 없는 사람을 만나면 마음이 놀란다.

우환과 재난 앞에서 근심하는 것은 군자가 아니다. 군자는 환난에 처하면 남을 탓하거나 비통에 휩싸인 채로 시간과 기운을 낭비하지 않는다. 오히려 냉정하고 담담하게 상황을 받아들이고, 극복하기 위해 노력한다. 군자는 도리어 떠들고 즐기는 유흥의 자리에서는 근심한다. 유혹에 빠져 자기를 잃을 수도 있기 때문이다.

군자는 힘 있는 사람들 앞에서는 당당하지만 의지할 데 없는 사람을 만나면 도울 방법을 찾기 위해 마음이 분주해진다.

성숙한 인격을 가진 사람은 보통 사람들과 염려하는 것이 다르다.

고요함 속에서 본래 마음을 바라보라

風恬浪靜中 見人生之眞境
풍 염 낭 정 중 　 견 인 생 지 진 경
味淡聲希處 識心體之本然
미 담 성 희 처 　 식 심 체 지 본 연

바람이 고요하고 물결이 잔잔할 때 인생의 참된 경지를 보며,
취향이 담박하고 소리가 드문 곳에서 본디 그 마음을 인식할 수 있다.

　　우주만물에 대한 인식과 우리의 본래 마음은 평소 시끄러운 주변의 소리와 감정의 동요 때문에 가려져 있다.

　　바람이 고요하고 물결마저 잔잔해질 때 고요함 속에서 주변 사물과 하나 됨을 느낄 수 있다. 사물과 나, 너와 나를 구분하는 마음이 사라지고, 평온함 속에서 모두가 평등한 인생의 참된 경지를 볼 수 있다.

　　거대한 바다와 같은 본래 마음에서 감정의 물결이 일어난다. 감정의 소란함이 끊어진 곳에서 본디 그대로의 마음을 바라볼 수 있다. 고요해야 본체를 인식할 수 있다.

곤궁함에 대한 근심을 떨쳐버려라

熱不必除 而除此熱惱 身常在淸凉臺上
열 불 필 제 이 제 차 열 뇌 신 상 재 청 량 대 상
窮不可遣 而遣此窮愁 心常居安樂窩中
궁 불 가 유 이 유 차 궁 수 심 상 거 안 락 와 중

더위는 완전히 제거할 수 없지만 덥다는 그 마음을 제거하면
몸은 항상 서늘한 누각 위에 있을 수 있다.
곤궁함을 완전히 제거할 수 없지만 곤궁함에 대한 걱정을 물리치면
마음은 항상 안락한 집에 살 수 있다.

뜨거운 여름날, 더위를 완전히 제거하는 것은 어렵다. '덥다, 덥다' 하면 더 더워진다. 하지만 덥다는 그 마음을 돌리면 덥다는 느낌을 조금이라도 누그러뜨릴 수 있다.

때로는 아무리 노력해도 곤궁함을 완전히 벗어버리기 힘든 삶도 있다. 그 속에서 배워야 할 무언가가 있기 때문이다. 곤궁함에 대해 걱정만 하는 것은 그 현실을 경험하는 목적에 맞지 않는다. 걱정을 위해 살아가는 인생은 없다. 곤궁함 속에서도 마음을 돌려 편안함을 느끼고, 자기의 성장에 집중하는 것이 현명하다.

마음에 의심이 가득하면
대낮에도 귀신이 나온다

機動的 弓影疑爲蛇蝎 寢石視爲伏虎 此中渾是殺氣
기 동 적 궁 영 의 위 사 갈 침 석 시 위 복 호 차 중 혼 시 살 기

마음의 기틀이 동요하면
활 그림자도 의심스러워 뱀이나 전갈로 보이고
누운 돌도 엎드린 호랑이로 보인다.
그 안에 살기가 섞이기 때문이다.

마음이 안정되지 않고, 의심과 두려움으로 가득 차 있으면 대낮에도 귀신이 나온다. 사실 귀신은 없는데 자기의 마음이 허상을 만들어 내는 것이다. 마음이 동요하면 벽에 걸어놓은 활 그림자가 술잔 속에 비친 것을 뱀으로 오인할 수도 있고, 가만히 있는 돌이 엎드린 호랑이로 보일 수도 있다.

세상은 내 마음의 상태를 비춰주는 거울이다. 평소 마음을 평온함과 사랑으로 가득 채워야 그런 현실을 만날 수 있다.

생명의 속성은 자유다

花居盆內 終乏生機 鳥入籠中 便減天趣
화 거 분 내 종 핍 생 기 조 입 농 중 편 감 천 취

꽃이 화분 안에 있으면 마침내 생명의 바탕을 잃고 만다.
새가 새장 속에 있으면 곧 본래 타고난 본성을 잃는다.

　화분 안에 있는 꽃은 마음껏 자라는 데 한계가 있다. '화분'이라는
한계에서 벗어나지 못한다. 산속에서 다른 꽃과 어울리며 조화하는
본성도 잃게 된다. 새장 속에 들어 있는 새는 자유롭게 날아다니지
못하고, 사람의 놀이감으로 전락해 서서히 말라 죽어간다.

　생명의 본성은 자유와 생명력이다. 그것을 제한하는 것은 생명을
앗아가는 것과 같다. 사람도 이와 같아서 자기 삶에서 자유를 느끼지
못하고, 한계가 많은 처량한 신세라고 생각하면 시들시들해진다. 살
아 있어도 죽은 것이다.

한가함과 분주함 사이 균형을 잡아라

人生太閒 則別念竊生 太忙 則眞性不現
인 생 태 한 즉 별 념 절 생 태 망 즉 진 성 불 현
故士君子 不可不抱身心之憂 亦不可不耽風月之趣
고 사 군 자 불 가 불 포 신 심 지 우 역 불 가 불 탐 풍 월 지 취

인생이 너무 한가하면 쓸데없는 생각이 몰래 일어나고,
너무 바쁘면 본래의 참 본성을 발현할 수 없다.
그러므로 군자는 몸과 마음에 대한 염려도 가져야 하지만
또한 음풍농월(吟風弄月)하는 취미도 즐기지 않을 수 없다.

권태는 죄악의 씨앗이 될 수 있다. 가치 있는 일을 찾지 못해 찾아오는 한가로움은 바쁜 일상을 보내는 중에 맞이한 휴식과는 결이 다르다. 쓸데없는 생각이 일어나고, 본성과 멀어지는 행동을 하게 된다. 반대로 지나치게 바쁘면 몸과 마음을 외부에 빼앗겨버린다. 정말 중요한 것을 하지 못한다. 내면을 충만하게 하는 일, 사랑하는 가족과 시간을 보내는 일에 여유를 가질 수 없다. 본래의 마음을 발현하지 못하고, 외부의 일에 기운을 모두 써버린다.

적당한 일과 휴식 사이에서 본성을 잃지 않도록 해야 할 것이다.